うしろめたさの人類学

松村圭一郎

ミシマ社

うしろめたさの人類学

松村圭一郎

目次

アガロの市場

はじめに

世の中どこかおかしい。なんだか窮屈だ。そう感じる人は多いと思う。でも、どうしたらなにかが変わるのか、どこから手をつけたらいいのか、さっぱりわからない。国家とか、市場とか、巨大なシステムを前に、ただ立ちつくすしかないのか。ずっとそんなもやもやを抱えながら、私自身、文化人類学を学んできた気がする。

この本では、ぼくらの生きる世界がどうやって成り立っているのか、その見取り図を描きながら、その「もやもや」に向き合ってみようと思う。人類学的センスで世界をみなおす。それは、どういうことか。まずは身近なエピソードから始めよう。

京都で暮らしていたころ、近所でよく会う初老の男性がいた。北山周辺でしか見かけないので、勝手に「北山のおっちゃん」と呼んでいた。

おっちゃんは、身長が一八〇センチくらいあって、がっしりとした体格。私が乗っているバスにどかどかと乗ってきたり、またどかどかと降りていったりする。近所のスーパーでは、店内を大股でぐるぐると歩きまわって、お惣菜《そうざい》などを買って足早に出ていく。いつもなにかに追われるように急いでいた。

おっちゃんは、たぶんあまり風呂に入っていない。服も洗濯している様子がない。だから、少し臭う。スーパーに入ってくると、店員たちは顔を見合わせて、目配せしながら苦笑いする。おっちゃんは、いつもひとりだ。どこでどうやって生活しているのか、わからない。

あるとき、いつものスーパーで買い物をしていると、おっちゃんが入ってきた。店内をきょろきょろと見渡し、すごい勢いで商品棚のあいだをまわり始める。店内には、ちょうどベビーカーを押した外国人の家族づれがいた。おっちゃんは、その奥さんの前で立ち止まると、唐突に英語で話しかけた。

"Where are you from?"
"I am from Canada!"
"Oh, Canada! Toronto?"
"No, Vancouver!"
"Oh! Nice!"

おっちゃんは、笑顔でThank you! Bye! と言うと、レジでお金を払って、急ぎ足で出ていった。私が驚いたのは、おっちゃんが英語を話せたことではない。ふたりの会話があまりにも自然で、そこになんの違和感もなかったからだ。ぼくらが外国に行っても、陽気なおっちゃんに、突然、「どこから来た?」なんて話しかけられることはよくある。その人のことを「おかしい」とは思わない。

いつものスーパーでは、店員はこそこそと笑い、客はおっちゃんの存在に気づかないふりをして目をそらす。そこでのおっちゃんは、いつも「変な人」だった。

でも、その「おかしさ」をつくりだしているのは、おっちゃん自身ではなく、周りにいるぼくらのほうかもしれない。何事もなく買い物を続けるカナダ人家族を見ながら、そう思えてしまった。

人が精神を病む。それはその人ひとりの内面だけの問題ではない。もしかしたら、ぼくら自身が他人の「正常」や「異常」をつくりだすのに深く関わっているのではないか。

自分の「こころ」が人柄や性格をつくりあげている。誰もがそう信じている。でも、周りの人間がどう向き合っているのかという、その姿勢や関わり方が自分の存在の一端をつくりだしているとしたら、どうだろうか。ぼくらは世界の成り立ちそのものを問い直す必要に迫られる。ある人の病いや行いの責任をその人だけに負わせるわけにはいかなくなるのだから。

文化人類学の探求は、まずこうして他者の傍《かたわ》らに立ち、その姿を見つめるところから始まる。そこから世界の別の姿を想像してみる。私にとっての「他者」は、二十年近く関わってきたエチオピアの人びとだ。

エチオピアから日本をみる

エチオピアの田舎町を歩くと、よく「おかしな」人に出くわす。精神を病んでいるのか、路上で大声を出したり、ほとんど裸同然で歩きまわっていたりする。外国人は目立つので、しょっちゅう絡まれる。ものを投げられたり、訳のわからないことをずっと話し続けられたり。なにをされるかわからないので、正直、怖いと感じることも多い。できれば関わりたくない、と思う。

あるときエチオピア南部の小さな町で買い物をしていると、こぎれいな格好をした青年に英語で話しかけられた。彼はニコニコしながら、流ちょうな英語でずっとなにかを話しかけてくる。だが、まるで意味がつかめない。その笑顔もどこかゆがんでいて、なにを考えているのか、読みとれない。

どうしたものかと戸惑って立ち往生していると、通りすがりの人が、そっと彼の手を引いて、「おいで」と連れていく。彼も笑顔のまま手を振りながら、離れていった。

エチオピアの田舎には、精神を病んだ人が入院できる医療施設などない。文字どおり、町のなかで「ふつう」に生きている。町の人も、そういう人のことをよくわかっていて、ときに笑いものにしながらも、ちゃんと関わり合いながら暮らしている。

調査をしてきた村にも、ちょっとおかしな振る舞いをするアブドという名の青年がいた。頭にオレンジ色の紐《ひも》を巻きつけ、長い木の枝を手に、ぶつぶつとつぶやきながら、ふらっと人の家に入ってくる。みんな心得たもので、大きな声で「元気にしてるか？」と声をかけたり、「食べていきな」と、食事を出してあげたりする。

あるとき、アブドが隣村の家に火をつけて全焼させてしまった。それでも捕まえられるわけでもなく、村のなかを歩きまわり、他人の家に居候《いそうろう》しながら、同じような暮らしを続けていた。みんな彼が問題を抱えていることを知ったうえで、寛容な態度をとっていた。

数年後、村の畑で収穫作業に立ち会っていたときのことだ。刈りとったトウモロコシを袋詰めする若者たちのなかに、見たことのある男がいた。表情も落ち着いて、すっかり見違えている。ちらっとこちらを見上げると、ばつが悪そうに目をそらし、寡《か》黙《もく》に作業を続ける。「あのアブド?」と、隣にいた友人に目配せすると、「よくなったんだ」と微笑む。畑作業などを手伝いながら、自活しはじめたようだ。

他にも精神的におかしくなったり、またもとに戻ったりした村人が何人もいる。人の心は、ときに異変をきたす。そのときは、そのときなりに隣人としての関わり方がある。エチオピアの人びとは、それを日常のこととして経験している。

もちろん、それは生やさしいことではない。私の親しい村の友人も、一時、精神的に「おかしく」なり、家族に暴力をふるいはじめた。困りはてた親族の者がワイヤーで手足を縛り、その鬱血《うっけつ》がもとで彼は病院で右手を切断した。一連の経緯を村人たちは、みんな知っている。ああだこうだと意見をぶつけ合いながら、誰もがその出来事の当事者であり続けていた。

日本に生きるぼくらは、どうか。精神に「異常」をきたした人は、家族や病院、施設に押しつけられ、多くの人が日常生活で関わる必要のない場所にいる。どこかで見かけたとしても、「見なかった／いなかったこと」にしている。あるいは、どうしたらいいかわからずに立ち往生する。

数年前に大阪の地下鉄の駅で見かけた小柄な老婆の姿が目に焼きついている。きちんと身だしなみを整えたその女性は、にぎやかな人並みに背を向け、小さな布の上で、ひとり壁に向かって正座したまま、じっとしていた。あの女性が社会から孤立しているのは、たぶん彼女だけの選択の結果ではない。私も含め、彼女の姿を視線の隅でとらえながらも、「関わらない」という選択をした多くの人びとが、おそらくは、その現実を一緒になってつくりだしている。

そうして他者と関わらないことで、「ふつう」の人間像、「ふつう」の世界の姿が維持される。ぼくらが、いつもそこにあると信じて疑わない「ふつう」の世界は、じつは傍らにいる他者によって、つねにその足もとを揺さぶられている。この本が目指す「構築人類学」は、その揺さぶりに寄りそって、別の世界の姿を考える。

構築するための人類学へ

構築主義という考え方がある。何事も最初から本質的な性質を備えているわけではなく、さまざまな作用のなかでそう構築されてきた、と考える視点だ。よくあげられる例は、「ジェンダー」だろう。男性は生まれたときから「男らしさ」をもっているわけではない。社会の制度や習慣などによって「男らしさ」を身につけてきた。だから「男らしさ」は社会的に構築されてきた。そう考える。

この考え方は人類学だけでなく、社会学など人文社会科学では、もはや常識になっている。構築されているのは、「男性」や「日本人」といった社会集団の性質だけにとどまらない。

昔は「ストレス」という言葉はなかった。ところが、いま「ストレス」という語句を使わずに、「あのいやな感じ」を説明することはできない。「ストレス」という言葉が一般化したことで、人の感覚すらも構築されてしまう。ある言葉や概念が、ぼくらがずっとそこにあると信じて疑わない「現実」さえもつくりだす。「児童虐待」や「ストーカー」だって、昔はなかった概念が生まれたことで、はじめて社会問題として構築されてきた。

こうした構築主義の視点は、既存の秩序や体制を批判するとき、とても有効だった。ジェンダーだったら、性差別を批判し、性差にもとづいた社会制度（婚姻制度や就業慣行など）に正当性がないと主張する有力な武器となった。構築主義が批判理論のひとつとされるのは、そのためだ。

カナダの哲学者であるイアン・ハッキングは、構築主義者の多くが社会の現状に批判的なので、（1）Xのあり方には必然性がない→（2）Xは悪い→（3）Xを排除すればましになる、といった論理構成をとる、と指摘する。

いろんな現象の構築性を批判するのはいい。でも批判のあとには、どこか虚《むな》しさが残る。男らしさも、日本人らしさも、社会的に、歴史的に、構築されてきたのはわかった。あらたな概念がつくられると、ぼくらの感覚や物の見方もがらっと変わってしまう。それもいい。で、じゃあどうしたらいいの？　そんな疑問が浮かぶ。

物事の構築性をふまえたうえで、なにをどう変えていけばいいのか。この本では、その問いから考えていこうと思う。

構築主義には、視点を転換する力がある。でも、その核心は「批判」そのものにはない。もっと別のところに可能性があるのではないか。

いまここにある現象やモノがなにかに構築されている。だとしたら、ぼくらはそれをもう一度、いまとは違う別の姿につくりかえることができる。そこに希望が芽生える。その希望が「構築人類学」の鍵となる。

いまの世の中にどこか息苦しさを感じたり、違和感を覚えたりしている人にとって、最初から身の回りのことがすべて本質的にこうだと決まっていたら、どうすることもできない。でもそれが構築されているのであれば、また構築しなおすことが可能だ。

ではどうやって別のものに再構築できるのか？

これまでの「構築されている（だからそんなものに正当性はない！）」という批判から、「どこをどうやったら構築しなおせるのか？」という問いへの転換。それがこの本の目指す「構築人類学」の地平だ（まだ賛同者はいないけれど……）。

もちろん簡単に答えは出ない。だから最初に、ぼくら一人ひとりがいま生きている現実を構築する作業にどう関与しているのか、その関わり方を探ることからはじめよう。そこで手がかりになるのが、人と人とがモノや行為をやりとりする「コミュニケーション」だ。

贈与の力

一九二五年に発表されたマルセル・モースの『贈与論』は、人類学の可能性を世に知らしめた古典的名著だ。これまで多くの人類学者が、繰り返し『贈与論』に立ち返って研究を深めてきた。

モースは、まず次のような問いを立てる。未開社会では、どんな規則が受けとった贈り物への返礼を義務づけているのか。贈られた物に潜むどんな力が、受けとった人に返礼をさせるのか。

古くから多くの社会で、交換や契約は贈り物のかたちで行われてきた。表面的には自由意志にもとづきながらも、実際には義務として与えられ、返礼されている。モースは、この「義務」の生成に注目して、現代にもつながる道徳と経済との関わりを考えようとした。そこには、自己利益の計算だけに終始する世界が出現しつつあることへの危機感があった。

モースは、贈与が法や経済、宗教や美など、社会システム全体に関わる現象だと考えた。本書も、この考え方にならおうと思う。贈与的な行為を、正反対の行為だとされる「商品交換」や「市場」、そして政治の制度である「国家」との関係のなかに位置づけてみる。他者とのモノや行為のやりとりが社会／世界を構築する作業であることを確認しながら、そのどこをどう動かせば変えることができるのか、その手がかりを探したいと思う。

モースは、贈与にはさまざまな側面があると指摘した。それはかならずしも慈愛に満ちた行為とはかぎらない。返礼の義務があるなかで、返せないほどの贈り物を渡して、相手の名誉を傷つけ、従属させる「ポトラッチ」という儀礼もある。でも、たとえ支配と従属であっても、そこには人と人とをつなぐ「関係」ができる。これが贈与の力だ。

モースは言う。「贈り物というのは、与えなくてはならないものであり、受けとらなくてはならないものであり、しかもそうでありながら、もらうと危険なものなのである。それというのも、与えられる物それ自体が双方的なつながりをつくりだすからであり、このつながりは取り消すことができないからである」（『贈与論』岩波文庫、三六九頁）。贈与は怖い。でも、世の中のバランスを取り戻すには、おそらく、この贈与の力がいる。

世界は、分断されている。

「知らない」とか、「関係ない」とか、「敵だから」とか、いろんな認識の壁で分断されている。この関係の断絶は、ぼくらの倫理性を麻痺させる。人を殺すことだって、人が殺されているのを無視することだって、できてしまう。だからこそ、他者に向き合い、その姿にみずからを映しながら、いろんな「つながり」を回復する必要がある。

必要なのは、市民が自分自身について、他者について、社会的現実について、鋭敏な感覚をもつことだ。モースはそう書いている。でも、どうやったらその「鋭敏な感覚」をもてるのか。その「感覚」は「贈与」とどう関係しているのか。それが本書の問いのひとつだ。

モースは言う。私たちの生活は、いまだに贈与と義務と自由とが混ざり合った雰囲気のなかにとどまっている。物には情緒的な価値が備わっていて、貨幣価値に換算される価値だけがあるわけではない、と。たぶん、それは現代の日本でも変わらない。

グローバル市場が席巻したようにみえる世界でも、贈与がもつ「つなぐ」力は消えたわけではない。それは、「つながり」を失わせる力との拮抗《きっこう》のなかで、いまもぼくらの世界をつくりだしている。

でも、たぶんあまりにいろんなことが絡まりすぎているのだと思う。複雑すぎて、なにから手をつけていいのかわからない。モースの言葉を胸に刻んで、まずは、一つひとつ絡まった糸をほどいていこう。

第一章

経済

「商品」と「贈り物」を分けるもの

「経済」と聞いて、どんなことを思い浮かべるだろうか？

コンビニでお金を払ってチョコレートを買うことは、まぎれもなく経済活動のように思える。では、そのチョコレートをバレンタインの日に好きな人に贈ることは、経済活動に入るだろうか？

この行為は、ふつう「経済」とは異なる領域にあると考えられている。「チョコレート」というモノが、同じように人から人へと動いていても、一方には「経済らしさ」があり、他方には「経済らしさ」がない。その「経済」のリアリティをつくりだしているのは、なんなのか？

ほんのささいな日常の行為のなかで、ぼくらが現実をつくりあっていることを、身近な「経済」の事例から確認していこう。

贈り物と商品の違い

店で商品を購入するとき、金銭との交換が行われる。でも、バレンタインデーにチョコレートを贈るときには、その対価が支払われることはない。好きな人に思い切って、「これ受けとってください」とチョコレートを渡したとき、「え？ いくらだったの？」と財布からお金をとり出されたりしたら、たいへんな屈辱になる。

贈り物をもらう側も、その場では対価を払わずに受けとることが求められる。このチョコレートを「渡す／受けとる」という行為は贈与であって、売買のような商品交換ではない。だから「経済」とは考えられない。

では、ホワイトデーにクッキーのお返しがあるとき、それは「交換」になるのだろうか。この行為も、ふつうは贈与への「返礼」として、商品交換から区別される。たとえほとんど等価のものがやりとりされていても、それは売買とは違う。そう考えられている。

商品交換と贈与を区別しているものはなにか？

フランスの社会学者ピエール・ブルデュは、その区別をつくりだしているのは、モノのやりとりのあいだに差しはさまれた「時間」だと指摘した。

たとえば、チョコレートをもらって、すぐに相手にクッキーを返したとしたら、これは等価なものを取引する経済的な「交換」となる。ところが、そのチョコレートの代金に相当するクッキーを一カ月後に渡したとしても、それは商品交換ではない。返礼という「贈与」の一部とみなされる。このとき、やりとりされるモノの「等価性」は伏せられ、「交換」らしさが消える。

商品交換と贈与を分けているものは時間だけではない。お店でチョコレートを購入したあと、そのチョコレートに値札がついていたら、かならずその値札をはずすだろう。さらに、チョコレートの箱にリボンをつけたり、それらしい包装をしたりして、「贈り物らしさ」を演出するにちがいない。

店の棚にある値札のついたチョコレートは、それが客への「贈り物」でも、店内の「装飾品」でもなく、お金を払って購入すべき「商品」だと、誰も疑わない。でもだからこそ、その商品を購入して、贈り物として人に渡すときには、その「商品らしさ」をきれいにそぎ落として、「贈り物」に仕立てあげなければならない。

なぜ、そんなことが必要になるのか？

ひとつには、ぼくらが「商品／経済」と「贈り物／非経済」をきちんと区別すべきだという「きまり」にとても忠実だからだ。この区別をとおして、世界のリアリティの一端がかたちづくられているとさえいえる。

そして、それはチョコレートを購入することと、プレゼントとして贈ることが、なんらかの外的な表示（時間差、値札、リボン、包装）でしか区別できないことを示してもいる。

たとえば、バレンタインの日にコンビニの袋に入った板チョコをレシートとともに渡されたとしたら、それがなにを意図しているのか、戸惑ってしまうだろう。でも同じチョコレートがきれいに包装されてリボンがつけられ、メッセージカードなんかが添えられていたら、たとえ中身が同じ商品でも、まったく意味が変わってしまう。ほんの表面的な「印」の違いが、歴然とした差異を生む。

ぼくらは同じチョコレートが人と人とのあいだでやりとりされることが、どこかで区別しがたい行為だと感じている。だから、わざわざ「商品らしさ」や「贈り物らしさ」を演出しているのだ。

ぼくらは人とのモノのやりとりを、そのつど経済的な行為にしたり、経済とは関係のない行為にしたりしている。「経済化＝商品らしくすること」は、「脱経済化＝贈り物にすること」との対比のなかで実現する。こうやって日々、みんなが一緒になって「経済／非経済」を区別するという「きまり」を維持しているのだ。

でも、いったいなぜそんな「きまり」が必要なのだろうか？

目に見えないルール

ぼくらはいろんなモノを人とやりとりしている。言葉や表情なども含めると、つねになにかを与え、受けとりながら生きている。そうしたモノのやりとりには、「商品交換」と「贈与」とを区別する「きまり」があると書いた。

ひとつ注意すべきなのは、そのモノのやりとりにお金が介在すれば、つねに「商品交換」になるわけではない、ということだ。

結婚式のご祝儀や葬儀の香典《こうでん》、お年玉などを想像すれば、わかるだろう。お金でも、特別な演出（祝儀袋／新札／袱紗《ふくさ》／署名）を施すことで贈り物に仕立てあげられる。ふつうは結婚式の受付で、財布からお金を出して渡す人なんていない。

なぜ、わざわざそんな「きまり」を守っているのか？　じつは、この「きまり」をとおして、ぼくらは二種類のモノのやりとりの一方には「なにか」を付け加え、他方からは「なにか」を差し引いている。

それは、「思い」あるいは「感情」と言ってもいいかもしれない。

贈り物である結婚のお祝いは、お金をご祝儀袋に入れてはじめて、「祝福」という思いを込めることができる。と、みんな信じている。

経済的な「交換」の場では、そうした思いや感情はないものとして差し引かれる。マクドナルドの店員の「スマイル」は、けっしてあなたへの好意ではない。そう、みんなわかっている。

経済と非経済との区別は、こうした思いや感情をモノのやりとりに付加したり、除去したりするための装置なのだ。

レジでお金を払って商品を受けとる行為には、なんの思いも込められていない。みんなでそう考えることで、それとは異なる演出がなされた結婚式でのお金のやりとりが、特定の思いや感情を表現する行為となる。

それは、光を感じるために闇が必要なように、どちらが欠けてもいけない。経済の

「交換」という脱感情化された領域があってはじめて、「贈与」に込められた感情を際立たせることができる。だからバレンタインのチョコで思いを伝えるためには、「商品」とは異なる「贈り物」にすることが不可欠なのだ。

この区別は、人と人との関係を意味づける役割を果たしている。

たとえば、「家族」という領域は、まさに「非経済／贈与」の関係として維持されている。家族のあいだのモノのやりとりは、店員と客との経済的な「交換」とはまったく異なる。誰もがそう信じている。

レジでお金を払ったあと、店員から商品を受けとって、泣いて喜ぶ人などいない。でも日ごろの感謝の気持ちを込めて、夫や子どもから不意にプレゼントを渡された女性が感激の涙を流すことは、なにもおかしくない。

このとき女性の家事や育児を経済的な「労働」とみなすことも、贈られたプレゼントをその労働への「対価」とみなすことも避けられる。そうみなすと、レジでのモノのやりとりと変わらなくなってしまう。

母親が子どもに料理をつくったり、子どもが母の日に花を贈ったりする行為は、子どもへの愛情や親への感謝といった思いにあふれた営みとされる。母親の料理に子どもがお金を払うことなど、ふつうはありえない。そんな家庭は、それだけで「愛がない」と非難されてしまう。

子育てとは無償の愛情であり、家族からのプレゼントも日ごろの労働への報酬ではなく、心からの愛情や感謝の印である。それは店でモノを買うような行為とはまったく違う。ぼくらはそのようにしか考えることができない。たとえそのモノが数時間前まで商品棚に並んでいたとしても。

家族のあいだのモノのやりとりが徹底的に「脱経済化」されることで、愛情によって結ばれた関係が強調され、それが「家族」という現実をつくりだしている(なぜ「母親」が脱経済化された領域におかれるのかも、ひとつの問いだ)。

家族という間柄であれば、誰もが最初から愛にあふれているわけではない。それは脱感情化された「経済=交換」との対比において(なんとか)実現している。

「家族」にせよ、「恋人」にせよ、「友人」にせよ、人と人との関係の距離や質は、モノのやりとりをめぐる経済と非経済という区別をひとつの手がかりとして、みんなでつくりだしているのだ。

でも、ぼくらがその「きまり」に縛られて身動きがとれないのであれば、社会を動かすことなんてできない。構築人類学は、どういう視点からそれをずらそうとしているのか。エチオピアの事例から考えてみよう。

物乞いにお金を与えるべきか？

エチオピアを訪れた日本人が最初に戸惑うのが、物乞いの多さだ。街の交差点で車が停まると、赤ん坊を抱えた女性や手足に障がいのある男性が駆け寄ってくる。生気のない顔で見つめられ、手を差し出されると、どうしたらよいのか、多くの日本人は困惑してしまう。

「わたしたち」と「かれら」のあいだには、埋めがたい格差がある。かといって、みんなに分け与えるわけにもいかない。では、どうすべきなのか？　これは途上国を訪れた旅行者の多くが抱く葛藤かもしれない。

私も最初に首都のアディスアベバ（以下、アディス）にいたとき、街を歩くたびにそんなジレンマに悩まされた。安宿のあるピアッサという地区では、裸足の子どもに「マニー、マニー」と言われながら、付きまとわれた。

私はいつもポケットにガムを入れておくようにした。そして、子どもにせがまれると、そのガムを渡した。欧米人のバックパッカーが、ザックからパンを取り出して配っているのを目にしたこともある。

ぼくらは、こういうときにお金を渡すのに慣れていない。ガムやパンをあげることはできても、お金を与えることには抵抗を感じてしまう。たとえガムのほうが高価でも、わざわざガムを買って渡すことを選ぶ。

それは、これまで書いてきたように、ぼくらが「経済／非経済」というきまりに忠実だからでもある。

このきまりには、ふたつの意味がある。

ひとつは、お金のやりとりが不道徳なものに感じられること。特別の演出が施されていない「お金」は「経済」の領域にあって、人情味のある思いや感情が差し引かれてしまう。だから、人になにかを渡すとしたら、それはお金ではなく「贈り物」でなければならない。

ただし「贈与」は、他者とのあいだに生じる思いや感情を引き受けることも意味する。それは「売買」に比べると、なにかと厄介だ。子どもならガムでもいいが、大人にはそうはいかない。贈り物には相手が望むものを選ぶ必要がある。相手を怒らせることもある。だから「贈与」は難しい。

もうひとつは、お金がなんらかの代償との「交換」を想起させること。物乞いが、ぼくらのために働いてくれるわけでも、なにかを代わりにくれるわけでもない。このとき「わたし」が彼らにお金を払う理由はない、となる。「交換」において、「わたしのお金」は「わたしの利得」の代価として使われるべきものだ。そこではきちんと収支の帳尻を合わせることが求められる。簡単にお金は渡せない。

こうして、日本人の多くは物乞いに「なにもあげない」ことを選ぶ。

最近アディスでよく滞在しているオリンピアの路上にも、何人か「常連」の物乞いがいる。このあたりは、大通り沿いにビルが建ち並び、おしゃれな店も多い地区だ。

その歩道で、ひとりの高齢の老婆がよく物乞いをしている。浅黒い顔に刻まれた深い皺《しわ》からは、かなりの歳を重ねているように見える。足腰が弱っていて、ゆっくりとしか歩けない。だから歩道の中央に突っ立ったまま、道行く人に手を突き出すようにして、お金をせがんでいる。

歩いている人は、たいてい不意に腕や胸のあたりを手で突かれる格好になる。若い男性などは、不機嫌そうに振り返って、睨《にら》みつけたりする。でもほとんどの人は、その老婆の姿を目のあたりにすると、仕方ないなという顔になる。そしてポケットから小銭を取り出し、手渡している。

老婆は、当然のように無言でお金を受けとると、また次の人に手を突き出す。いままで、この老婆が物乞いに失敗したのを見たことがない。

エチオピアの人びとは、よく物乞いにお金を渡している。きっとぼくらのほうが豊かなのに、そんな金持ちの外国人が与えずに、あまりもたないエチオピア人が分け与えている。その姿に、ふと気づかされる。

いかにぼくらが「交換のモード」に縛られているのかと。

いまの日本の社会では、商品交換が幅を利かせている。さまざまなモノのやりとりが、しだいに交換のモードに繰り入れられてきた。それは、面倒な贈与を回避し、自分だけの利益を確保することを可能にする。厄介な思いや感情に振り回されることもなくなる。

しかし、この交換は、人間の大切な能力を覆い隠してしまう。

共感する力、共感を抑える力

ぼくらは他者と対面すると、かならずなんらかの思いを抱く。無意識のうちに他者の感情や欲望に自己の思いを共鳴させている。泣いている赤ちゃんを目の前にすると、なんだか自分まで悲しくなってくる。なにかしてあげねば、という気になる。人がタンスの角などに足の小指をぶつけるのを見ると、その「痛み」はひとごとには思えない。思わず「あいたたた」と声が出てしまう。

この「共感」が、コミュニケーションを可能にする基盤でもある。

身体の弱った老婆を目のあたりにして、なにも感じないという人はいないだろう。でも「交換」のモードには、そんな共感を抑え込む力がある。

物乞いのおばあさんがみんなから小銭をもらうのは、彼女だってどこかでお金を商品と交換する必要があるからだ。どんなに貧しいおばあさんでも、スーパーに行って商品をタダでくださいと言ってもらえるわけではない。商品交換の場では、そのおばあさんが「貧しそう」とか、「歳をとっている」とか、「身体が弱っている」なんて共感を生じさせる情報は余計なものとして除去される。誰もが透明な存在として感情や思いなしに交換することが求められる。それはエチオピアでも同じだ。

でも多くの日本人は道端で物乞いの老婆を目にしたときも、この交換のモードをもちだしてしまう。いろんな共感を引き起こしそうな表情とか、身なりとかを見なかったことにする。まるで北山のおっちゃんへのスーパーの客や店員の態度のように。

同時にそれは、ぼくらがたんに日本に生まれたという理由で彼らより豊かな生活をしているという「うしろめたさ」を覆い隠す。そして物乞いになにも渡さないことを正当化する。交換のモードでは、モノを受けとらないかぎり、与える理由はないのだから。心にわきあがる感情に従う必要はないのだから。

「みんなに与えられるわけではない」。そう思うかもしれない。でも、おそらく金額そのものが問題ではない。道で出会う物乞いにそのつど一ブル（約五円）ほど渡したところで、たいした額にはならない。彼らはそれくらいでも、こころよく「神のご加護を」と言って受けとってくれる。

商品交換のモードが共感を抑圧し、面倒な贈与と対価のない不完全な交換を回避する便法となる。ぼくらはその「きまり」に従っただけでなにも悪くない。そう自分を納得させている。

あるいは「与えることは彼らのためにならない」と言うかもしれない。これだって同じ正当化にすぎない。ためになるかどうかは、そもそも与える側が決められるものではないからだ。いろんな理屈をつけて最初に生じたはずの「与えずにはいられない」という共感を抑圧している。共感とその抑圧。これが「構築」を考えるときのポイントになる。

「あふれる思い」の可能性

エチオピア人の振る舞いからは、彼らが共感に心を開いているのがわかる。かならずしも「分け与えなければならない」という宗教的義務が強固だからではない。物乞いの姿を前にしたときにわきあがる感情に従っているまでだ。だから相手に共感を覚えなければ、彼らだって与えない。実際、物乞いを怠け者だと非難する人は多い。でも、そんな彼らも道ばたで老婆に手を差し出されたら、渡さずにはいられなくなる。

そう、老婆はただ「ほら、わたしを見なさい」と言って手を突き出している。エチオピア人は、その抗しがたいオーラにすっと身を任せる。

残念ながら、これは共感を抑圧している人には通じない。商品交換のモードはそこに生じた思いや感情を「なかったこと」にする。多くの日本人はそれに慣れきっている。

ぼくらでも、店で商品を買うような交換の場面で、店員とのモノのやりとりになんらかの思いや感情が「生じない」のではない。それは、そこから「差し引かれている」。

ふとわきでるさまざまな思いや感情は、交換のモードをとおして不適切なものとして処理され、「なかったこと」にされる。でもだからこそ、この「処理」はときどき誤作動する。

マクドナルドの店員のスマイルを、自分への好意だと勘違いすることもある。コンビニでバイトしている学生に聞いた話では、レジに立つ女性店員に告白する男性客がけっこういるそうだ。これは、むしろ当然のことだと思う。

商品交換の場でも、ときに抑圧をすり抜けて、思いや感情があふれだすことがある。そこに社会を再構築する鍵がある。別の振る舞いができる余地がみえてくる。

同時に、物乞いに抵抗なくお金を与えているエチオピア人の姿を見て、なぜ自分はお金を与えることに躊躇《ちゅうちょ》するのだろう、と問うことができる。他者の振る舞いから、自分自身がとらわれた「きまり」の奇妙さに気づくことができる。人の振り見て、我が身を疑う。これが人類学のセンスだ。モースの言った「鋭敏な感覚」にもつながるかもしれない。

ぼくらの身体は経済と非経済といった「きまり」に縛られている。でもつねに逸脱の可能性も開かれている。構築人類学は、この「ずれ」に光をあてる。そこから別の可能な姿の世界を構想する。それは内なる他者に気づくことでもある。

最近、エチオピアでは、私もポケットに小銭があれば、誰かに渡している。なるべく収支の帳尻をゆるくして、お金が漏れていくようにしている。

自分が彼らよりも不当に豊かだという「うしろめたさ」がある。つねに彼らからいろんなものをもらってきたという思いもある。そのうしろめたさに、できるだけ素直に従うようにしている。

それは「貧しい人のために」とか、「助けたい」という気持ちからではない。あくまでも自分が彼らより安定した生活を享受できているという、圧倒的な格差への「うしろめたさ」でしかない。

この違いはとても大きい。善意の前者は相手を貶《おとし》め、自責の後者は相手を畏《おそ》れる。そうやって物乞いの人たちと顔見知りになると、笑顔であいさつを交わすだけで、なにも求められなくなる。彼らも「いつももらうのは申し訳ない」と思うのかもしれない。贈与は人のあいだの共感を増幅し、交換はそれを抑圧する。

エチオピアにいると、商品交換のモードに凝り固まった身体がほぐれていく。このほぐれた身体で、世界の歪《ゆが》みを揉みほぐしていこう。

はじめてのエチオピア

一九九八年四月、大学を一年休学し、友人ふたり（MとS）とはじめてエチオピアに渡航した。エチオピアの専門家だった指導教員に感化されたのだ。数カ国を旅してアディスに到着。はじめての夜を過ごした翌朝の日記から。

五月一日。一度、午前三時ごろに目が覚める。八時半にベッドから起き上がる。トイレの洗面所で洗濯して、アムハラ語（エチオピアで広く話される言語）の勉強。なかなか覚えない。まずは数字の数え方を必死に覚える。

十一時ごろ、お腹がすいて、ひとり外へ。ホテルを出たところで、英語を話す兄ちゃんに話しかけられる。近くのレストランを案内してくれると。一軒目は、イタリアンで値段は高め。二軒目は、メニューがアムハラ語とアラビア語で書かれている。そこでインジェラ（クレープ状の主食）と羊肉のスープを注文。出てきたものは、色が真っ赤。味は、それほど辛くない。おいしい。ほんとにおいしい。英語と少しのアムハラ語で会話をしながら、初対面の兄ちゃんと一緒に食べる。

ホテルに戻り、部屋を引っ越し。日当たりがよさそうな二階の二五ブル（当時のレートで約四〇〇円）の部屋へ。ベッドだけの狭い部屋だが、明るくて気に入る。午後一時ごろ、外に出て靴磨きの少年たちと会話。アムハラ語を教えてもらう。

夕方、ひとりでピアッサの街を歩き、サンダルを探す。うろうろしていると、また違う兄ちゃんが英語で話しかけてくる。サンダル探しを手伝ってくれる。なかなか置いてない。やっと見つけたものは、一二ブル。一泊分の半額と考えると高い。部屋に戻り、荷物を置いて、少し休む。暗くなる前に外へ。靴磨きの少年と話をする。アムハラ語で話が通じると、単純にうれしい。

ピアッサから坂を上る。大きな教会に入る。入り口には、ずらっと物乞いが座っている。エチオピア人がエチオピア人に物乞いしている。教会のなかにはひとりも外国人はいない。痛いほどの視線を感じる。教会を出て、広場を通る。ビニール袋を丸めた小さな手作りボールでサッカーに興じる子どもたち。広場に立ち並ぶバラック小屋。道路を横断するロバやヒツジの群れ。あらためて、エチオピアに来たんだ、と実感する。

一度、ホテルに戻るが、ふたりがいないので、またもと来た道を戻って、ひとりで食事。インジェラとティプス（羊肉炒め）。食堂だと思ったら、奥

アディスアベバで滞在していたピアッサの街並み。1930年代後半のイタリア占領期に建てられた建物が残る

アディスアベバの常宿パークホテル前を「仕事場」にする靴磨きの少年たち。私のアムハラ語の先生だった

にバーもあって、女性だけの客がふたり。あとからひとり増える。学生のような感じ。

エチオピアの女性は目が大きくて、きれいな顔立ちをしている。体形もスリム。インジェラもおいしいし、エチオピア、いいところじゃないか。早く言葉をなんとかしたい。

五月二日。午前中はアムハラ語の練習。まずは基本語彙《ごい》を覚えないと。昼はイタリアン・レストランへ。ラザニア。Mがいたので、一緒に食べる。なかなかうまい。トマトソースとミートソースが出てくる。

部屋に戻る。身体がだるい。食べすぎたか。胃がもたれている感じ。しばらく横になって、Guide to Ethiopia（エチオピアの旅行ガイド本）を読む。午後三時前になんとか起き上がり、外へ。とりあえずどこかでアムハラ語を試してみたい。

近くの喫茶店へ。他の客と相席。ウェイトレスの子にアムハラ語で話しかける。しばらく会話の相手をしてくれる。五人くらいの女の子が働いている。みんな十七歳とか十八歳。英語はほとんど話せない。英語がダメだとかなり厳しい。一時間ほどシャイ（紅茶）を飲みながら、なんとか会話。入れ代わり立ち代わり、みんな一生懸命にアムハラ語を教えようとしてくれる。四時には仕事が終わるとか。

四時前に外へ。ぐるっと回って、本屋でアムハラ語―英語の辞書を買って、また別のレストランへ。「ククル」とかいう骨付き羊肉のスープ。脂っぽくて塩気のない豚骨スープといった感じ。店の人がメニューを一つひとつ丁寧に説明してくれる。

食後、ビールを飲もうとオリンピア・ホテルへ。最初はひとりで立ち飲み。みんながウスクスタ（肩を揺らすダンス）を踊っている輪に加わり、打ち解ける。仕事帰りのグループと一緒に飲む。彼らが帰ると、別の三人組に誘われる。英語がかなり通じるので、話ができて楽しい。全部で四、五杯飲んだか。ぜんぶおごってもらう。彼らとともに店を出る。ベッドに倒れ込む。だが眠れない。結局、三時か四時くらいまで、今日聞いたアムハラ語を復習。昼間、シャイを飲みすぎたのかも。

第二章

感情

「なに／だれ」が感じさせているのか？

激しい怒りを覚え、悲しみに涙を流し、自分のものにしたいと欲する。こうした感情が、ほかならぬ自分だけのものであるのは自明のように思える。

でも同時に、ぼくらは感情がひとりでに生じるわけではないことも知っている。怒りを覚える相手、悲しみを引き起こす出来事、欲望を喚起するモノ。そうした広い意味での「他者」の存在によって感情は生み出されている。

感情は、いつもどこでも自然に生じるような本能的な現象なのか？

その感情をあなたに感じさせているのは、いったい「なに／だれ」なのか？

はじめてのアフリカ体験

エチオピアでの経験から話を始めよう。最初にエチオピアを訪れたのは、もう二十年近く前のことだ。ほとんど海外に出たこともなかった二十歳そこそこのころ。十カ月あまりの滞在期間の大半をエチオピア人に囲まれて過ごした。

それまで、自分はあまり感情的にならない人間だと思っていた。人とぶつかることもそれほどなく、どちらかといえば冷めた少年だった。それが、エチオピアにいるときは、まるで違っていた。

なにをやるにしても、物事がすんなり運ばない。タクシーに乗るにも、物を買うにも、値段の交渉から始まる。町を歩けば、子どもたちにおちょくられ、大人からは質問攻めにあう。調査のために役所を訪れると、「今日は人がいないから明日来い」と何日も引き延ばされる。「ここじゃない、あっちの窓口だ」と、たらいまわしにされる。話がうまくいったと思ったら最後に賄賂《わいろ》を要求される……。

言葉の通じにくさもあって、懸命に身振り手振りを交えて話したり、大声を出して激高してしまったりする自分がいた。

村で過ごしているあいだも、生活のすべてがつねに他人との関わりのなかにあって、ひとりのプライベートな時間など、ほとんどない。いい意味でも、悪い意味でも、つねにある種の刺激にさらされ続けていた。食事のときは、いつもみんなでひとつの大きな皿を囲み、「もっと食べろ」と声をかけあい、互いに気遣いながら食べていた。

村にはまだ電気がなかった。食後はランプの灯りのもとで、おじいさんの話に耳を傾け、息子たちと腹を抱えて笑い転げたり、真顔で驚いたりと、にぎやかで心温まる時間があった。

村のなかにひとり「外国人」がいることで、いろんないざこざが起きて、なぜこんなにうまくいかないんだと、涙が止まらない日もあった。

毎朝、木陰にテーブルを出して、前日の日記をつけるのが日課だった。ふと見上げると、抜けるような青空から木漏れ日がさし、小鳥のさえずりだけが聞こえる。さわやかな風に梢《こずえ》が揺れる。おばあさんが炒《い》るコーヒーのいい香りが漂ってくる。自分はなんて幸せなんだろうと、心からうっとりした。

腹の底から笑ったり、激しく憤慨したり、幸福感に浸ったり、毎日が喜怒哀楽に満ちた時間だった。顔の筋肉も休まることなく、つねにいろんな表情を浮かべていた気がする。

そんな生活を終えて、日本に戻ったとき、不思議な感覚に陥った。関西国際空港に着くと、すべてがすんなり進んでいく。なんの不自由も、憤りや戸惑いも感じる必要がない。バスのチケットは自動券売機ですぐに買えて、数秒も違わず定刻ぴったりに出発する。動き出したバスに向かって深々とお辞儀する女性従業員の姿に、びっくりして振り返ってしまった。

人との関わりのなかで生じる厄介で面倒なことが注意深く取り除かれ、できるだけストレスを感じないで済むシステムがつくられていた。

おそらく、お辞儀する女性は感情を交えて関わり合う「人」ではなく、券売機の「ご利用ありがとうございます」という機械音と同じ「記号」だった。

つねに心に波風が立たず、一定の振幅におさまるように保たれている。その洗練された仕組みの数々に、逆カルチャーショックを受けた。

そのうち、自分がもとの感情の起伏に乏しい「自分」に戻っていることに気づいた。顔の表情筋の動きも、すっかり緩慢《かんまん》になった。顔つきまで変わっていたかもしれない。いったい、エチオピアにいたときの「自分」は「だれ」だったのだろうか？　そんなことも考えた。

でも日本の生活で、まったく感情が生じないわけではなかった。テレビでは、新商品を宣伝するために過剰なくらい趣向を凝らしたCMが繰り返し流され、物欲をかき立てていた。それまで疑問もなく観ていたお笑い番組も、無理に笑うという「反応」を強いられているように思えた。そんなとき、ひとりテレビを観ながら浮かぶ「笑い」は、「感情」と呼ぶにはほど遠い、薄っぺらで、すぐに跡形もなく消えてしまう軽いものだった。

多くの感情のなかで、特定の感情／欲求のみが喚起され、多くは抑制されているような感覚。エチオピアにいるときにくらべ、自分のなかに生じる感情の動きに、ある種の「いびつさ」を感じた。どこか意図的に操作されているようにも思えた。

ホームとフィールドとの往復

日本は、感情をコントロールしている社会なのかもしれない。

最初にエチオピアから帰国したときにもった違和感を、いまもときどき思い出すことがある。たぶん急に学生のひとり暮らしに戻ったことも関係していたと思う。

二十年以上を過ごしてきた日本の環境に、わずか十カ月のエチオピア滞在から戻って感じた「ずれ」は、いったいなにを意味しているのだろうか？

エチオピアのほうが「よい」と言っているのではない。いまもエチオピアの田舎に行くと、たまには誰とも会わず、ひとり快適な都会のホテルにこもって映画でも観ていたいと思う。町ゆく一人ひとりと顔を見合わせながら、毎回、握手したり、あいさつの言葉を交わしたりするのは、とても面倒くさい。

人類学のフィールドワークでは、他者との深い関わりのなかに身をゆだねる。気心の知れた人と過ごすだけではないので、ときに想像もつかない状況に立たされ、戸惑う。「フィールド」になじんだ身体は、今度は「ホーム」に戻って、また別の「ずれ」を経験する。

人類学は、この自分の居場所と調査地とを往復するなかで生じる「ずれ」や「違和感」を手がかりに思考を進める。それは、ぼくらがあたりまえに過ごしてきた現実が、ある特殊なあり方で構築されている可能性に気づかせてくれる。

人類学では「ホーム」と「フィールド」との往復が欠かせない。そして、その両者が思考の対象となる。人類学といえば、よく遠くの国の異文化について研究していると思われてしまうが、人類学者はたんにフィールドの「かれら」だけを調査しているわけではない。

エチオピアにいると、日本とは違う感情の生じ方を経験する。そこから、日本社会の感情をめぐる環境の特殊さに気づくこともできるし、それまで疑問をもたなかった「感情とはなにか？」という根本的な問いにも自覚的になれる。

人類学者が向き合う問いの多くは、最初から自分のなかにあるものではない。「ホーム」と「フィールド」を往き来するなかで、あるとき到来するものなのだ。

「感情」の感じ方

感情とは、たんなる神経系の反応なのだろうか。ある人の心の固有な表現とはいえないのではないか。それは他者との関わり方に起因しているのではないか？

最初にエチオピアから日本に帰国したときに感じた「ずれ」を振り返ると、そう思える。

そもそも、ぼくらは感情をどう感じているだろうか？

涙がこぼれるとき、そこに「悲しみ」があるのは、わかりきったことかもしれない。でも、涙は悲しいときだけ流れるわけではない。目にゴミが入ったときも、あくびをしたときも涙は出る。そんなとき、自分が悲しんでいるとは思わない。「悲しみ」は「涙」という印だけから、そこにあると理解されるわけではない。では、なぜ自分のなかの感情が「悲しみ」や「怒り」だとわかるのか？

感情が生じるときの心の動きをじっくり観察してみよう。

過去にあった悲しい出来事を思い出してみる。なんだか目の奥がうずうずしたり、胸がもやもやしたり……。

次に、怒りを感じる場面を思い浮かべてみる。わずかに目の周りに力が入ったり、胸の奥に熱いものが流れる感じがしたり……。

やってみるとよくわかるけど、ぼくらはこうした感情を「悲しみ」や「怒り」という言葉以上にうまく表現する語彙をもたない。あるいは、「悲しみ」や「怒り」といった言葉を手がかりにして、はじめて胸の奥にわきあがる「なにか」に意味を与えることができている。

だから、ぼくらは知らない言葉の感情を感じることができない。

古典の教科書に出てくるような「もののあわれ」という言葉の意味を知らなければ、「いやぁ、もののあわれを感じるなぁ」とは言えない。でも言葉を知り、その「感じ」がぼんやりとでもわかると、そうした感情を覚えることができる。そして、そのとたん、そこで感じた「なにか」は「もののあわれ」としか表現しようがなくなる。

あるいは、「今日は、ハッピーだ！」というときの気分と、「私は幸せ者です」というときの気分は、ちょっと違う。どこがどう違うのか、きちんと説明できなくてもよい。「なんとなく違う」というだけで、ぼくらはふたつの感情を感じ分けることができる。

これは、感情が身体的な生理現象だけではないことの証拠でもある。もちろん、心のなかの「なにか」は脳内の反応とつながっているのだろうけど、「言葉」は、それに「かたち」を与え、分類や区別を可能にし、経験のリアリティを支える。

感情を「わかる」ための手がかりは「言葉」だけではない。

母親が赤ん坊をあやしながら、ふくれっ面《つら》をする。ぼくらは、母親がほんとうに怒っているわけではないことをわかっている。「涙」や「顔の表情」といった外的に表示される印は、周囲の文脈のなかで理解される。

「経済」の章で書いたように、店員とのモノのやりとりではなにも感じないのに、家族のあいだの同じようなモノのやりとりには感情がこもっているように思える。

感情を引き起こす刺激には、人とモノの配置やそれらの関係といった文脈全体が含まれている。そこでは、行為する人やそれを見ている人が、どのようにその文脈と関わっているのかが重要になる。

「悲しい」という感情を「わかる」ために、鏡で自分の顔を確認したり、心のなかに生起する反応をそのつど脳波モニターで確認したりする必要はない。それらはいずれも文脈を問わない理解の仕方だ。

ある映画をじっと観ている。ストーリーの展開、雰囲気のある音楽、すっと流れ出る涙。こうした人とモノの配置から、ぼくらは自分のなかに生じる「なにか」が「悲しみ」だと疑いなく感じとる。このとき脳内でどういう反応が起きているかは関係ない。

だとしたら、とたんに外的な「刺激」と内的な「反応」という線引き自体があやしくなる。人と対象との関わり方自体が、刺激や反応の意味を決めているからだ。

そして、感情が社会的な文脈で生じるのであれば、それは自分だけの「こころ」の表現とはいえない。悲しみや怒りは、ある特定の人やモノの配置にそって意味が確定され、「涙」や「顔の表情」がひとつのリアルな「感情」として理解可能になる。

感情の意味は、さまざまな人やモノとの関わりのなかで決まる。だからこそ、同じ対象や場面でも、違った反応を引き起こすことになる。

エチオピアの地方の映画館でレオナルド・ディカプリオが主演した『タイタニック』を観ていたときのことだ。最後、氷山にぶつかった客船が傾き、甲板の手すりにしがみついていた人が海へと落下していく。凄惨《せいさん》な出来事の胸をしめつけられる結末……。映画館では、この場面で大爆笑が起こった。エチオピア人の観客は、人が落下していく様子がおかしくて仕方ないようだった。満員の観客が手を叩きながら、互いに顔を見合わせて笑っている姿が、いまでも目に浮かぶ。

感情という不思議。でも、それを理解することが、どう社会の構築とつながっているのだろうか?

感情と共感

感情は、人やモノの配置／関係のなかで生じ、はじめて理解できるようになる。だから、他人との関係が変われば、感情の生じ方にも違いがでる。苦しんだり、悲しんだりしていたことが、人やモノの関係が少しずれるだけで変わる可能性がある。

前に書いたように、日本では、自然と感情を生じさせるような状況が社会から排除されている。「経済」の章での言い方を繰り返せば、それは人と人とのやりとりを「経済化＝商品交換化」してきた結果でもある。

商品交換は、やりとりの関係を一回で完結／精算させる。「負い目」や「感謝」といったモノのやりとりに生じやすい思いや感情は「なかったこと」にされる。そこで対面する「人」は、脱感情化された交換相手でしかない。与えるべきものを与え、もらうものをもらったら、その関係は終わる。この交換の関係は、コミュニケーションの基盤となる「共感」を抑圧する。

人は、相手がなにを考え、感じているかわからないと、コミュニケーションを始めることができない。道を歩いていると、見覚えのある人がやってくる。名前が思い出せない。相手も自分のことを忘れているかもしれない。ちらちらと様子を見て、こちらに気づかないようであれば、声をかけにくい。でも、ふと目が合ったとき、相手が笑顔になれば、自然とコミュニケーションが始まる。相手の言葉や表情の意味を読みとる（＝共感する）ことが、その場にふさわしいコミュニケーションを進める鍵となる。

子どもをあやしてふくれっ面をする母親に、「なにを怒っているの！」と咎《とが》める人は、適切なコミュニケーションができない。表現された感情の意味を感じとるには、他者のしぐさの置かれている文脈に自分自身を同化させる必要がある。

哲学者のメルロ＝ポンティは言う。

「他人の身体を知覚するのは、まさに私の身体であり、これはそこに、いわば自分自身の諸志向の奇跡的な延長を、つまり世界を取り扱うなじみ深い仕方を見いだすのである」（『知覚の現象学』法政大学出版局、五七八頁）

感情は、人やモノの配置／関係に沿って生じる。だから、人は、つねにその文脈に寄り添い、他者の身体に生起しているであろう「なにか」を自分のものとして感じ、その意味を読みとろうとする。そうしてはじめて、自分の感情を適切に表現し、相手の感情の意味に沿ったコミュニケーションが可能になる。

自分の思いを表現し、他者の思いに共感する。これは、人類が進化によって獲得してきた卓抜《たくばつ》した能力のひとつだ。人間ほど顔の表情筋が発達している動物はいない。飼い犬の感情を読みとれる人もいるかもしれないが、人間以外の動物は極端に表情に乏しい。

「笑う犬」という表現に「おかしさ」があるのは、ふつう犬が人間のように顔全体の筋肉を使って「笑い」を表現できないからだ。それはまさに「身体的」に制約されている。

霊長類学者の山極壽一《やまぎわじゆいち》さんによると、ゴリラなど人間に近い霊長類でも、ほとんど白目がない。これは相手に感情を読みとられないようにするためだ。人間は進化の過程で、あえて白目の部分を大きくし、瞳の動きを相手にさらすことを選んだ。そうして互いに感情を示しあい、共感が生じる可能性を身体的に保証することで、社会的な存在となってきた。

とはいえ、顔の表情が豊かであれば、相手の内面が手にとるようにわかるわけではない。「笑顔」はつねに「好意」を示しているわけではない。愛想笑いも、苦笑いも、サービスの笑顔も、いろいろある。ある程度まで、その笑顔の背後にある文脈を把握しないと、会話などのコミュニケーションを続けるのに支障が出てしまう。共感の能力がそれを可能にしている。

感情／共感は、ふつうルールに則《のっと》って作動する。このモノのやりとりは「商品交換」ですよ、と値札やレジ、店員の制服といった装置が明示している。そこでは感情や共感が抑制される。同じようにリボンや包装、返礼までの時間差は「贈り物」の印になる。そこには思いや感情が込められていると感じる。まるで配置される人やモノに感情を引き出したり押し込めたりするスイッチが埋め込まれているかのようだ。

いろんなモノや人がひとつの輪としてつながることで、その輪の一部を構成する「わたし」に感情が生じていると言ってもいい。交換や贈与というモノを介したコミュニケーションは、まさにその「輪」をつなげたり、切り離したりする行為なのだ。

共感大国エチオピア

お金と商品の交換にくらべ、贈り物のやりとりには、読みとるべき思いや感情がいろいろあって、神経をつかう。誰もが、恋人や友人へのプレゼントやお祝いになにを贈れば喜んでもらえるか、相手のことを思い浮かべながら頭を悩ませた経験があるだろう。レジの前で店員にお金をどう渡せばよいか悩む人はいない。交換にくらべると、贈与はたいへんだ。それをうまくこなすには、ある種の「技」が必要になる。

エチオピアには、贈与の関係があふれている。ふつうに商品交換が行われるような場でも、すぐ贈与の関係になってしまう。

たとえば、あなたがご飯を食べようとレストランに入る。と、知人が食事をしている。ここで相手がエチオピア人なら、かならず「一緒に食べろ（インニ・ブラ）！」と言われる。「食欲」という欲求は容易に共感され、「独り占め」をうしろめたく感じさせ、「相手にふるまう」ことを求める。道を歩いているだけで、見知らぬ人たちから、「食べろ」と声をかけられることも多い。

逆に、あなたがなにかを食べているときに知り合いが通りかかれば、食べないとわかっていても、「一緒に食べましょう」と声をかけるのが礼儀だ。心配しなくても、相手も適切に状況を読んで、（嘘でも）「いま食べたからいいよ」とか言ってくれる。

どうせ食べないのなら、なぜ、こんな面倒なことを繰り返すのか？　問題は食べるか、食べないか、ではない。お互いが情に満ちた贈与／共感の関係にあることを、そのつど確認する作業をしているのだ。食事のときに知人がいるのに、誘いもせず、見知らぬふりをする。それはあなたとは敵対関係にあると宣言するに等しい。

日本なら、レストランは商品交換の場なので、それぞれがお金を払って好きなものを食べる。ふつうは、同席した人への配慮も遠慮も必要ない。友人と一緒のテーブルで食べても、それぞれの注文した料理の代金だけを個別に払うことも多い。それは関係が過剰になることが忌避《きひ》されているからだ。こうして「共感」は抑圧される。

でも、場所やタイミングによっては、予期せず知人と同席したりすると、どこか「気まずさ」を覚える感じもわかるだろう。これは相手への共感が抑えがたく生じてしまうからだ。その場で、贈与の関係を選ぶべきか、交換の関係でいくべきか、微妙になるからでもある。

職場の同僚なら、個別に支払いをするほうがいい。でも、恋人同士であれば、割り勘にすると、愛情がないと疑われてしまう。感情は、「こころ」にあるのではなく、モノのやりとりのパターンのなかに「表示」される。

交換の関係のほうが、後腐れがないし、さばさばしているし、気も遣わなくて済む。

でも、どこかそっけなくて、知人や友人同士では、情に欠けるように思える。

贈与の関係は、なにかと厄介だ。でも、そこで生じる感情や共感を増幅させる。ぼくらは、こうしてそのつど、交換／贈与のモードを選択しながら、そこにふさわしい感情を表出し、受けとめている。もし、ある人と親密になりたければ、積極的に贈与しなければならない。愛情は「こころ」のなかで育まれるのではなく、モノや言葉のやりとりという行為の「輪」のなかで現実化するのだから。

ぼくらはひとりでは生きていけない。だから、いろんな他者と関わりながら「社会」をつくりあげている。親しくなりたいと感じる人もいれば、できれば避けたいと思う人もいる。その「思い」はかならずしも互いに一致しない。すれ違うことも多い。

いろんな「思い」が交差するなかで、ときに共感／感情を増大させたり、せっせと抑圧したりして、さまざまな他者と関係の網の目がつくりあげられる。それが、いまぼくらの生きている社会の姿だ。

みんなでたくさんのモノや言葉、行為をやりとりしながら、共感／感情のスイッチをONにしたり、OFFにしたりして、人との「関係」がつくられていく。「経済」も「感情」も、このスイッチの動きと密接に関わっている。その動きを理解すれば、この社会の複雑に絡み合った糸をほどいて、見晴らしをよくすることができる。

人と人とがつながりあう「関係としての社会」。この「つながり」とか、「関係」って、いったいなんなのか？　次章で、さらに考えていこう。

バスでジンマに向かう

大学や役所での手続きに時間がかかってアディスでの滞在も一カ月近くになった。いよいよ三五〇キロほど離れた西南部のジンマという地方都市に向かう。オロモというエチオピア最大の民族集団が暮らすオロミア州西部の古い町だ。東アフリカ最大の市場《いちば》であるマルカートから長距離バスに乗る。

五月二十七日。朝五時に起きるつもりが四時半くらいに目が覚めてしまう。暗いなか、身支度を済ませる。リュックがずしりと重い。すでに通りにはたくさんの人が行き交う。暗いので気をつけながら、バスターミナルへ。ターミナルの周囲は、とくに人が多い。ジンマ行きのバスを見つけ、上の荷台に荷物をのせてもらう。列に並ぶ。

まずは小さな子どもを連れた母親が優先的にバスに乗るよう促される。そして次は、われわれ。一瞬、えっと思ったが、ファレンジ（外国人）も特別扱いのよう。そのあとは、噂に聞いていたとおり、並んでいた人びとがバスの周りを走り出す。そして、ドアが開くと、いっせいに駆け込んでくる。まるで椅子取りゲームのようだ。

大勢の人がバスに群がる。人波をかき分けるように出発。アディス市内を抜ける。霧が朝日に照らされ、朱色に染まる。地平線に向かって一直線の道が続く。

道はいちおう舗装されているが、揺れが激しい。道路に穴が開いているので、加減速を繰り返す。席も狭い。半分うとうとしながら、時間が過ぎ去るのをじっと待つ。

道の両側は、きれいな緑の農地。「飢餓の国」というイメージにはなかった景色だ。途中、昼食休憩。二十分の予定が、四十分近くして、ようやく出発。しばらくすると、大きな川に向かって高原を下っていく。荒れた土地もある。草ぶき屋根の丸い伝統的な家と、トタン屋根の長方形の家。バナナに似たエンセーテ（塊茎《かいけい》のでんぷんを食べる）が、ほとんどの家の周りに植えられている。

暑い。でも、窓を開ける人はいない。窓を開けようとすると、なぜか前の人から「デンジャラスだ」と注意される（エチオピアでは「風」が病気の原因とされる）。誰も疲れたそぶりを見せない。寝る人もいない。ずっと話したり、食べたりしている。足元にはバナナやオレンジの皮、チャット（覚醒作用のある葉／別名「カート」）の枝などが散乱する。前の席の赤ん坊の表情がかわいいのが救い。ジンマにかなり近い町で、ふたたび謎の休憩。

ジンマに着いたのは午後二時前。バス停の周りは、ほとんどなにもない。聞いていたホテルは、大きな鉄筋造りのビルでひと目でわかる。料金は、なんと六六ブル（アディスの宿の二・五倍！）。外国人価格は、エチオピア人の二倍に設定されていた。しかも、お湯が出ないというと、～分待て、～分待てと言うだけで、いっこうに埒《らち》があかない。ぬるいお湯でシャワーを浴びて、日本への手紙を書く。夕食は塩の入っていないスープに味のないオムレツ。これでもかと塩を振りかけて食べる。食後にコーヒー。砂糖は別にしてくれる。まあ、それはよかった。さすがに部屋はアディスより暑い。虫も多い。蚊もいる。マラリアが怖い。シーツをかぶって寝る。明日はここを出よう。

五月二十八日。朝方、いやな夢を見る。南京虫もいる。起きて荷物をまとめる。十時前には、下におりて、コーヒーを一杯。タクシーを頼む。二

◯ブルと高いが、言い値でタッカ・ホテルへ。高台にある大きなホテル。ジンマの街並みが見渡せる。荷物を部屋に置いて、ジンマの町を歩く。あいかわらず、「チャイナ！」「ユー！」と声がかかる。が、アディスよりは「ジャパン！」の声も多い。昼食を食べに一軒の食堂に入る。みんな湾曲した包丁を手に、生肉の塊を切りとりながら食べている。すごい光景だ。

市場《いちば》のなかの道に入る。一瞬にして時代がさかのぼったかのよう。まる

で中世の世界だ。楽市楽座とかって、こんな感じだったのかも。荷車をつけた馬車が走る。道端に座り込み、小さな麻袋を広げて、少量の果物や野菜を並べて売る女性たち。裸足の人も多い。ぐるっと見て回る。みんなの視線にさらされ、カメラは出せなかった。

町には本屋が一軒だけある。今日は休み。(一九九一年に内戦に勝利した)現政権の樹立された記念日とかで、図書館や郵便局なども閉まっている。カフェでスプライトを飲んで一休み。暑い。日差しもきつい。ふたりと別れて町を歩き、話しかけられた農業大学の学生と少し話す。ホテルに戻り、オロモ語の勉強。

試してみたくなり、外に出る。ひとりのおじさんに声をかけられる。酔っ払いだ。コーヒー農園をもっているとか。グラゲ(民族)出身で、オロモ語は試せず。彼のよくわからないアムハラ語で自慢話を延々聞かされて、うんざり。Sたちも合流して、一緒に夕食を食べ、飲み屋を回る。ドラフト・ビールを飲みすぎた。おれも酔っ払いだ。

アガロの市場

第三章

関係

「社会」をつくりだす

仲のよい友だちとそれほどでもない友だち。親友か、ただの知人か。恋人なのか、友人なのか……。自分が誰かとどういう関係にあるのか、それはわかりきったこと。そう当然のように考えている。

でも、人と人との「関係」は目に見えない。仲のいい友人とは赤い線で結ばれていて、それが悪くなると灰色になる、なんてことはない（そうだったらわかりやすいのだけど）。

では、どうやって、ぼくらは人との関係を「わかる」のだろうか？

関係が先か？　行為が先か？

人とコミュニケーションをするとき、互いの振る舞いをよく「ふたりの関係が○○だから」という理由で説明したり、理解したりする。

「最近、親しくなってきて、よくメールのやりとりをしている」

「仕事上の関係だから、プライベートなことを話すのは控えている」

こういう感じで、相手との関係がどういう性質のものか、どんな状態にあるのかに応じて、ぼくらは行動のパターンを変化させている、と思っている。

でも、この理解の仕方は正しいだろうか？

こんなケースを考えてみよう。最近ときどきメールをするようになった女性を思い切って食事に誘う。最初は、遠慮がちに敬語まじりで話していたけど、くだけた感じで話しかけてみる。でも相手はずっと敬語のままで、あまり打ち解けた感じにならない。こっちがなれなれしく話すと、戸惑った表情を見せる。こういうとき、ふつうなら少し言葉づかいに気をつけながら話すだろう。

自分と女性との「関係」は、目に見えない。相手は自分のことをどう思っているのか。もっと親密になりたいのか、慎重になっているのか。ぼくらは、それを手にとるように「知る」ことはできない。もちろん、その人自身だって、自分の気持ちをすべて正確に把握しているわけではない。

そこでは、自分／相手の話す言葉や話題、表情などを手がかりにしながら、ふたりの「関係」や互いの「気持ち」を推し量っていくしかない。このことを、社会学者のアーヴィング・ゴッフマンは、人はコミュニケーションのなかで状況の定義を投企しあう、と表現した。ふたりがどんな関係なのか、そのありうる選択肢のなかから、ある定義を相手に投げかけ、それが受け入れられるか、あるいは相手から投げかけられた定義でしっくりくるのか、つねにお互いに調整し合っているのだ。

つまり、ぼくらは「関係が〇〇」だから、ある行動のパターンをとるのではなく、その場に投げかけられた行為の蓄積によって、なんらかの関係をリアルなものとして感じとっている。「よくメールのやりとりをしている」からこそ、「親しくなってきた」と思えるのだし、「仕事上の関係」でも「プライベートなことを話す」ようになれば、「距離が近くなった」と感じるはずだ。

相手との「関係」が先にあるのではなく、ふたりのあいだの「行為」が手がかりになって、やっとその状態を「わかる」ことができる。

ほかにも、人にメールを出すとき、「～さま」と書くのか、「～様」と書くのか、「～さん」なのか、「～ちゃん」なのか、「～先生」なのか、誰しも迷うことがあるだろう。

そこで、自分が「～さん」と書いて、相手が「～様」と返してきたら、「～様」にしたほうがよかったかな、と思い直すかもしれない。「～ちゃん」となっていたら、次のメールからもっとくだけた表現を使いはじめるかもしれない。

そんなの宛名の書き方にすぎないではないか、と言われるかもしれない。でも、ぼくらの「関係」をかたちづくっているのは、こんな些細なことの積み重ねでしかない。

男女が恋愛関係になったとき、最初に「呼び名」を変えることは、今後ふたりが親密になるための大切なきっかけになる。ふたりの仲が深まったから呼び名が変わるのではない。呼び名を変えることで、これから別の深い関係に切り替わることを確認しあっているのだ。

相手との関係がどういう性質なのか。ぼくらは、日々、互いに微妙な調整をしあいながら、その距離を感じとり、行為している。そして、こうした行為の繰り返しが、人と人との「関係」というひとつの現実をつくりだしている。

だから、なんの連絡もとりあわないで恋人の状態を維持することは難しいし、たとえ血のつながった家族でも、ずっと離れて暮らして会話もなければ、他人のように疎遠になってしまう。正式に交際を始めたり、結婚したりすれば、それだけで「関係」の継続が保証されるわけでもない。

自分が相手にどういう行為を投げかけるのか。相手が、どんな行為を投げ返してくるのか。こうして、ふたりの関係がある「かたち」をもっていく。

「親友」や「恋人」、「家族」といったカテゴリーは、その一時的な「かたち」にあとから説明を加えるためにもち出されているにすぎない。だから、「関係」はもろいし、移ろいやすい。でもだからこそ、「関係」は互いの行為によって変えることができる。

ぼくらの手で変えられる社会のありさまに目を向ける。世の中を動かす「権力」や「構造」、「制度」といったものは、とても巨大で強力だけれども、まずはすべてをその「せい」にすることをやめてみる。

では、どうやって自分たちの手で「関係」の網の目としての社会をつくりあげていくのか。エチオピアの例に戻ろう。

コーヒーをともに飲む

エチオピアといえば、コーヒーを思い浮かべる人もいるだろう。エチオピアは、日本で「モカ」として知られるアラビカ種の原産地で、世界的にも有数の生産国である。

南米やアフリカのコーヒー生産国は、ふつう国内ではあまり消費せずに、もっぱら海外に輸出しているケースが多い。でもエチオピアでは、コーヒーの全収穫量の半分近くを国内で消費している。人びとは、コーヒーを貴重な現金獲得源としてだけでなく、日々の大切な嗜好品として楽しんでいる。

コーヒーを飲むとき、エチオピアの村では、きまって隣近所の人を招く。自分たちの家だけで飲むことは、まずありえない。

そんなことをしたら、すぐ「あそこは自分たちだけでこっそりコーヒーを飲んでいるのよ！」なんて、陰口をたたかれてしまう。隠れて飲もうとしたって、どうせ豆を挽く音や炒《い》るときの香りでばれてしまう。コーヒーは誰もが好む嗜好品というだけでなく、独り占めせずみんなに振る舞うべきアイテムなのだ。

自分とは異なる民族でも、異教徒でも、コーヒーを飲むときは、互いに誘い合って一緒に飲む。そして、二杯、三杯とおかわりをしながら、二十〜三十分の時間をともに過ごす。

調査してきた村には、イスラームを信仰するムスリムとエチオピア正教のキリスト教徒が混住している。民族的にも、複数の民族がともに生活している。でも、コーヒーを飲む関係は、かならずしも同一の民族や宗教ごとに決まっているわけではない。むしろ家の近さのほうが重要になる。近所の人を招くホスト側の家族がムスリムであれば、コーヒーを飲むとき、まずアッラーに祈りを捧げる。その場に招かれたキリスト教徒も、祈りに合わせて「アーメン、アーメン」と呼応する。

民族が違う場合、会話のなかでふたつの言語がまじりながら会話が進むこともある。エチオピアをはじめアフリカの多くの地域では、複数の言語を話せるのはめずらしいことではない。だから、話題に応じて話される言語が途中から切り替わったりする。

以前、隣近所でどれだけコーヒーがともに飲まれているか調査したことがある。すると、多いときは一日五回も同じ近所の人が一緒にコーヒーを飲んでいた。ずっとそれにつきあって毎日コーヒーばかり飲んでいたら、胃が痛みはじめた。

けんかなどをすると、コーヒーに呼ばなくなったり、呼ばれなくなったりする。そして、またひょんなことから再開したり、メンバーが入れ替わったりする。隣近所が誰とコーヒーを飲んでいるか、集落の人はだいたい知っている。コーヒーをともに飲むことが、「親密な関係」を公的な事実とし、その「つながり」を可視化するのだ。

最初に、人と人との「関係」という現実が互いの行為によって構築されていく、と書いた。ぼくらは、最初から定まった関係に沿って行為しているのではない。小さな行為を積み重ねながら、ある「関係」をつくりだしている。

エチオピアの村で暮らす人びとの関係も、そういう視点から理解できる。人びとは、「民族」や「宗教」、「言語」といった固定した枠組みだけをもとに「関係としての社会」を築いているわけではない。

ともにコーヒーを飲み、たわいもない噂話に興じたり、体験談をおもしろおかしく話したりしながら、ひとつの「つながり」を実現させている。多様な背景をもった人びとが同じ時間を過ごすという積み重ねが、共通の理解や認識を生み出し、言葉や宗教の壁を越えた、ともに生きる素地をつくりだしている。民族や宗教が違っていても、深い友情で結ばれることもあるし、結婚してひとつの家庭を築くことだってある。

たぶん人類は、長い歴史のなかで、そうやっていろんな「他者（かれら）」を「わたしたち」の一部にしながら生きてきたはずだ。

外国人だから、文化が違うから、異教徒だから、○○だから……。とかく、ぼくらは異質な他者を既存のカテゴリーに押し込め、最初から関係を築くことを拒絶してしまいがちだ。その排除のまなざしは、精神を病んだ人や障がいをもつ人などにも向けられる。でも、この排除が、じつは「わたし」や「わたしたち」の豊かな可能性を狭めていることに、多くの人は気づかない。

さて、このあたりで、これまでの章を振り返りながら、身近なところから「関係としての社会」を動かしていく可能性について考えてみよう。

〈経済＋感情＋関係〉＝社会？

これまで「経済」、「感情」、「関係」と、一見ばらばらなトピックで書いてきた。でも、すべてはふたつの問いを考えるための道のりだった。

ぼくたちは、どうやって社会を構築しているのか？

いったいどうしたら、その社会を構築しなおせるのか？

「社会」というと、自分たちには手の届かない大きな存在に思えるかもしれない。でも、それはたぶん違う。

誰もが、さまざまな人やモノとともに「社会」をつくる作業にたずさわっている。そこでの自分や他人のあり方は、最初から「かたち」や「意味」が決まっているわけではない。他人の内面にあるように思える「こころ」も、自分のなかにわきあがるようにみえる「感情」も、ぼくらがモノや言葉、行為のやりとりを積み重ねるなかで、ひとつの現実としてつくりだしている。この、人や言葉やモノが行き来する場、それが「社会」なのだ。

人との言葉やモノのやりとりを変えれば、感情の感じ方も、人との関係も変わる。商品交換は、感情に乏しい関係をつくりだし、贈与は、感情にあふれた、でもときに面倒な親密さを生み出す。「経済」―「感情」―「関係」は、こうして人にモノをどう与え、受けとり、いかに交換／返礼するかという行為の連鎖からできている。

愛情も、怒りも、悲しみも、自分だけのもののように思える「こころ」も、他者との有形・無形のやりとりのなかで生み出される。そして、そのやりとりの方法が、社会を心地よい場所にするかどうかを決めている。

だから、ひとつめの問いへの答えはこうだ。

ぼくらは、人にいろんなモノを与え、与えられながら、ある関係の「かたち」をつくりだす。そして同時に、その関係／つながりをとおして、ある精神や感情をもった存在になることができる。つまり関係の束としての「社会」は、モノや行為を介した人と人との関わり合いのなかで構築される。そこで取り結ばれた関係の輪が、今度は「人」をつくりだす。

ぼくらが何者であるかは他者との関係のなかで決まる。身近な他者が何者なのかも、あなたがなにをどのように相手に投げかけるかによって変わる。あなたの行為によって相手は何者かになり、相手からの呼びかけや眼差しによって、あなたは何者かであることを強いられたり、何者かになれたりする。

ぼくらは、強固なかたちで最初から「何者か」であるわけではない。ぼくらが他の人にいかに与え、受けとるのか。それによって生じる関係のなかから「わたし」や「わたしたち」が生まれ、「かれ」や「かれら」が生まれている。

だから、ふたつめの問いへの答えはこうなる。

社会の現実は、ぼくらが日々、いろんな人と関わり合うなかでつくりだしている。

あなたが、いまどのように目の前の人と向き合い、なにを投げかけ、受けとめるのか。そこに「わたし」をつくりだし、「あなた」という存在をつくりだす社会という「運動」の鍵がある。

相手に投げかけられる言葉、与えられるモノ、投げ返される行為。そこで見えてくる「わたし—あなた」という関係、「わたしたち／かれら」という存在のかたち。そのどれをとっても、一時も動きを止めているものはない。

ぼくらが動かし、動かされ、そのつどある「かたち」を浮かび上がらせている「関係としての社会」。とどまることなく、否応なしに、誰もがこの運動の連鎖のただなかにいるからこそ、ぼくらは、その社会を同じように動かし、ずらし、変えていく可能性に開かれている。

与える。受けとめる。いま「わたし」と「あなた」をつなぎ、つくりだしている動きを見定める。もしそれを変えたいのであれば、それまでとは違うやり方で与え、受けとり、その関係の磁場を揺さぶり、ずらし続ければいい。

これまでの話からしたら、ずいぶんと抽象的な言い方しかできないけれど、とりあえずはこの場所を中間地点としておきたい。

次に考えなければならない問題は、もう見えている。この関係としての「社会」とその先に広がる「世界」とをつなぐもの……。次は、しばし足をとめて、「社会―世界」の接続に思いを馳せよう。

調査を始める

ジンマでの短い滞在のあと、四〇キロほど離れたアガロという人口三万人ほどの町に移動し、三人で一部屋を借りた。現地調査をしようとしていた国営のコーヒー農園に向かう。

六月四日。朝方、何時かわからないが、暗いうちに目が覚める。眠れないまま、憂鬱《ゆううつ》な気分で朝を迎える。八時半。Sが時間を知らせる。マットが固く、背や腰が痛い。九時に（調査の手助けをしてくれる）リクが来る。

四人で朝食を済ませ、郡の役所に向けて歩き出す。途中、高校の先生をしているU氏がミニバスで来る。合流して役所へ。顔の広いU氏が役人と話をつけてくれて、自分たちは金魚の糞のようについてまわる。郡長にあいさつし、あとは秘書の作業を見守る。ひさしぶりにタイプライターを見た。すぐに調査許可のレターができる。三人に一枚ずつ。

そのあと、農業局の事務所へ。局長の男性は、われわれがジンマで生肉を食べたのを知っていた。田舎では、外国人は目立つのだ。まずはあいさつだけ。U氏と別れて、間借り先の大家であるリクの母親のもとへ。あいさつをする。午前中に両親にあいさつに行くのが慣習のようだ。近くのカフェでコーラのアンボ（炭酸水）割り。暑いなか歩いて喉がカラカラ。

部屋に戻る。荷物を移動。三人の部屋ができあがる。リクの奥さんがコーヒーを淹れてくれる。リクの帰りを待って、みんなでマーケットへ。Mはマットを買い、先に帰る。Sと灯油コンロとやかんを買う。灯油を買いにガソリンスタンドまで。雲行きがあやしい。風も強まる。まもなく雨。しだいに強まる。抜け道を走る。ひさしぶりに走った。リクの実家へ逃げ

ミシマ社サポーター募集中です!

「一冊入魂」の出版活動をつづけていくために。次世代へ紙の本をつなげていくために。

ただいまミシマ社では、2023年度の私たちの出版活動を支えてくださるサポーターを募集しています。みなさまからのご支援で、本作りにかかわる様々な活動や、新しいことにもたくさん挑戦できています。

サポーター制度の具体的な活動については、ミシマ社HPをご覧ください。

三島より

『時代劇聖地巡礼』、第1弾と今回の「関西ディープ編」の2冊あわせて計100カ所を訪れました。春日さん、カメラマンの来間さんとまわる中で、大きく2つの発見がありました。ひとつは、滋賀、亀岡などに、観光としてはそれほど有名でない"名所"が点在しているということ。時代劇と切りはなしても、すごい寺社仏閣、風景と出会えたのは、本書のおかげ。もう1つは、映画の観方が広がったこと。ロケ地はどこ? この問いを抱えて観る味わい、たまりません。三島

ミシマ社通信

2023年3月号

Vol.121

あたたかい日も増えてきて、少しずつ春が近づいてきていますね。先日、いつも行くお店のレジで、「なんかちがうな？」と思ったら、店員さんとこちら（客）をへだてていた透明のフィルムがなくなっていたのでした。緊急事態宣言が出たあの春から、もうすぐ3年目。今年はどんな春になるのでしょうか？　楽しみです ✿

込む。汗をかく。暑い。激しい雨が降り続く。

しばらくして小降りになったところで家に戻る。道はぬかるんで、ドロドロ。水たまりをよけながら。部屋に戻る。外の縁側に座り、三人で話す。買ったばかりのやかんでお湯をわかす。雨上がりで涼しい。アガロに来て三人だけになるのは初めてかも。

やがてリク一家が家財道具をもってやってくる。借家から追い出されたという。離れの小屋に荷物を運ぶのを手伝う。しばらくして、U氏とリクとともに、ビールを飲みに行く。そのあとU氏が帰り、四人で食事。暗い夜道を靴に泥をいっぱいつけて帰宅。足が重い。

六月五日。深夜一時前に目が覚めてから寝つけないまま浅い眠りが続く。虫がいそう。身体じゅうがむずがゆい。蚊には刺されなかったようだ。寝袋が破れていて、それを縫う。裁縫道具は必需品だ。リクが来て、縫物をしながら、オロモ語とアムハラ語のレクチャー。きりのいいところで朝食へ。午前十時。ここの朝食屋はうまい。食後はコーヒー。大家さんにあいさつして、部屋に戻る。

シュラフを縫い終え、コーヒー農園に行く準備。十二時半にリクも来る。四人でバス停へ。かなり古いランドローバー。四十年以上走っているとか。なかなか出発しない。しかも、どんどん人が乗り込んでくる。出発してからも、道端で人を拾う。これでもかと人を詰め込む。二〇人近くがすし詰め状態。みんな助手席に乗りたがるわけだ。

コンバ村に到着。歩いて農園のオフィスへ。一面のコーヒー林。大木が茂り、道からはただの森に見える。大きな木の下に艶やかな葉のコーヒーが植わっている。昼休みらしく、しばし待つ。午後二時にオフィスへ。マネージャーは不在。事務長の男性は、なにを調査するのかも確かめずに「なんでもやっていいよ」という感じ。物分かりがいい。ただ、「なぜオロモ語なんて勉強しているんだ」と。それは理解できないという様子。アムハラ人なのかも。もうひとりの女性幹部にもあいさつ。あわただしくオフィスをあとにする。

ゲートの前でアガロから乗ってきた車が待っている。今日はこの車が一往復するだけだとか。リクがきちんと帰りの車も話をつけてくれたようだ。

さすがＩさん（日本人研究者）の助手をやっていただけのことはある。

アガロに戻り、労をねぎらう遅い昼食。カイ・ワット（羊肉シチュー）は辛い。ククル（羊肉スープ）はいける。部屋に戻り、縁側でアディス大の図書館でコピーしたコーヒー栽培プロジェクトの論文を読む。雨がぱらつくが、風はさわやか。読み終わり、お茶を淹れる。庭にはえたマンゴーの青い実をかじる。甘酸っぱくておいしい。

リクが来ないので、三人で夕食に。一軒目のホテルは、「ムグブ・イェッレム（食事はない）」。隣の店へ。あまりおいしくない。道端で炭火で焼いていたトウモロコシを買って、カフェでシャイを飲む。焼きすぎて固いトウモロコシを三人でかじる。空に丸い月が浮かぶ。

丘の上からコーヒー農園を眺める。緑の森のなかにコーヒーが植えられている。中央に労働者村が見える

「社会」と「世界」をつなぐもの

最初に、ぼくらの生きる世界がどうやって成り立っているのか、その見取り図を描く、と書いた。大きな目標を掲げて苦しんでいるけども、ここまで書いてくるうちに、越えるべき峠がみえてきた。

ここまで「社会」という言葉をよく使ってきた。「経済」、「感情」、「関係」。いずれの章も、いまここで対面し、行為している人と人のあいだに生じている場を描いてきたし、そこでやりとりされるモノの動かし方がなにを生みだしているか、考えてきた。

そうやって、いろんなモノを介したやりとりが交わされる間柄の集合体が「社会」だとしたら、「世界」は、その関係を越えた遙《はる》か向こう側に広がっていると感じられる領域だ。

実際には、明確な境界線は引けないのだけど、ぼくらの想像のなかでは、つねに「つながっている」と実感できる場所や間柄の外に、そこからは手の届かない「世界」が広がっているようにみえている。国家とか、市場とか、巨大なシステムによって動いているような「世界」が。

さて、人類学は、ありとあらゆることを研究テーマにしながらも、フィールドワークという現場に出かけて調査する手法だけは貫いてきた。実際に顔をつきあわせて話を聞き、自分の目で確かめる。人びとが生きている場の雰囲気や色や香りなんかを五官全部で感じとりながら、なにかを理解しようとしている。

多くの人類学者は、世界の片隅で起きている小さな出来事に立ち会って、その場所から社会の成り立ちを理解することに情熱を傾けてきた。自分も長いあいだ、エチオピアの村をたびたび訪れて、そこでともに時間を過ごすことを足場に、いろんなことを考えようとしてきた。

日本とアフリカを往復するなかで生じる疑問や違和感に耳を澄まし、自分の身体の内と外に生起する微細な変化や動きに目を凝らしてきた。でも、やっぱりその思考は、いろんなモノや言葉のやりとりが連鎖・反復している「社会」の範囲内にとどまっていたように思う。

その「社会」のなかでは、自分が向き合っている他者との関わり方をとおして、なにかを変えていくことができるかもしれない。でも、それが「世界」として想像されている領域を動かすことになるのだろうか。たとえば、身近な人との関係がどう構築されているかを理解して、それを心地よい関係にしていくことは、はたして「世界」を変えることにつながるのだろうか？

「社会」と「世界」は、どんなつながり方をしているのか？

いったい、ぼくらはどうしたら「社会→世界」の構築に参画できるのか？

たぶん、それが次に考えるべき問いなのだと思う。

いろんなところで、いろんな人が、国家とか、市場経済とか、グローバル化とか、資本主義だとか、権力だとか、等身大の自分には実感としての手触りが得られないものについて語っている。

もしかしたら、あえて人類学の立場で語りなおす必要はないのかもしれない。人類学に独自の語り口を紡ぎ出せる余地はないのかもしれない。でも、なんとかこの山の峠を越えて、その向こうに広がる景色を観てみたい。そんな気分になってしまったのだから、仕方がない。

ぐるぐると同じような道をたどるだけで、結局、迷子になってしまうかもしれないけど、とにかく一歩ずつ、考えを進めていこう。

アガロからコンバ村へと向かう乗り合いバス。ぬかるんだ道にタイヤを滑らせながら走るランドローバー

調査の拠点として部屋を借りたアガロの家には、めずらしい外国人を見ようと、よく子どもたちが集まってきた

第四章

国家

国境で囲まれた場所と「わたし」の身体

ザンビア南部の田舎町にいたときのことだ。ゲストハウスの居間にあった地元の新聞を開いて、目を見張った。

"The Japanese Prime Minister Resigns（日本の首相が辞任）"

太字の見出しに、安倍晋三首相の会見写真が大きく載っている（第一次安倍内閣のときのことだ）。ザンビアでも日本の首相の辞任が大きく報じられることに驚いた。

ただ、そのとき遠く離れた外国にいて、首相が代わって日本という「国」がどうにかなってしまう、という感覚はなかった。それが安定的に継続することに、なんの疑問も抱かない自分がいた。

でも、はたして国家はそんなに揺るぎないものだろうか。あるいは、なぜぼくらは、それを揺るぎないものと感じるようになったのか。

国家と「わたし」との距離

アフリカでは、大統領などの元首や政権が交代するとき、きまって大きな混乱を経験してきた。エチオピアでも、一九七四年には軍部によって皇帝が廃位されるクーデタが起き、一九九一年には数年にわたる激しい内戦をへて新政権が樹立された。その後、二十年以上にわたって、ひとりの人物が暫定大統領や首相として政治の実権を握っていた。

ザンビアは例外的に、過去、数回にわたって暴力的な抗争をへずに政権交代が起きた。民主選挙によって平和裏に権力が移譲されるケースは、アフリカではまだめずらしい。南スーダンのように、新国家樹立後、すぐに権力争いから紛争になる国もあれば、ソマリアなど国家としての体をなしていないままの国もある。アフリカにおいて「国家」とは、いまだ不安定で脆《もろ》い制度なのだ。

日本では、誰もがその揺るぎなさを信頼している「国家」という枠組み。あまりに暮らしのなかに浸透しすぎていて、それなしの生活を想像できないほど。

ある朝、突然、国家という仕組みがなくなってしまったら、どうなってしまうだろう。ちょっと想像してみてほしい。

もちろん役所や警察はなくなるし、それに関わるすべての制度（たとえば運転免許とか、医師や弁護士などの国家試験とか、パスポートとか）が意味をなさなくなる。

婚姻届を出す場所もないのだから、「結婚」だってできない……。どうしてか、いまや「結婚」が「婚姻届を出すこと」とイコールになっている。きわめてプライベートな事柄のはずなのに、公的な手続きが不可欠になっている。役所に婚姻届を出して、窓口で「おめでとうございます」とか言われると、それで正式に結婚したような気になる（自分は市役所の前で記念写真まで撮った）。

ぼくらは、結婚したとき、引っ越したとき、子どもが生まれたとき、すべて役所に届けることを強く内面化されている。そうして国民が届け出ることで、はじめて国は国民の実態を把握でき、さまざまな政策を実施できるようになる。

数年前、高齢者の所在不明がさかんに報道されたことがあった。すでに死亡しているのに届け出をせず、年金などを受けとり続ける。そんな事案がいくつも発覚した。これは、国民一人ひとりが家族の生死や転居について、きちんと自発的に届け出をしないと、戸籍や年金など国の制度がうまく機能しないことを示している。

国家という制度は、かならずしも上からの「権力」によって押しつけられているわけではない。一人ひとりが、意識するしないにかかわらず、日々さまざまな行為でその機能を内側から支えている。

マルクスは、『資本論』のなかで、ある人が王であるのは、他の誰もがその人の臣下として振る舞うからだ、と書いている。みんなが「従う」ことをやめれば、王も、国家も、その力を失う。

もし、誰も婚姻届を出さなくなったら、結婚制度自体が意味をなさなくなるだろう。ほとんど見かけなくなった二千円札のように、国家が決めた制度を使う人がいなければ、その制度は機能しなくなる。

「結婚」が国家の仕組みを前提としはじめたように、誰もがその制度をあたりまえのものとして受容すればするほど、その制度は確固たるものとして、みんなを縛りはじめる。

ぼくらは、こうして「国家」とつながっている。

エチオピアの「国家」

そんな「国家」のあり方も、エチオピアからは少し違ってみえる。

エチオピアでは、二〇一五年五月、総選挙が行われた。結果は、与党が国会の五四七議席のほぼすべてを獲得した。なぜ、こんな結果になるのか。

国際的な人権監視団体ヒューマン・ライツ・ウォッチは、総選挙の数カ月前に「ジャーナリズムは犯罪ではない：エチオピアでの報道の自由の侵害」というレポートを発表した。それによると、二〇一四年の一年間で、政府の圧力で民間の定期刊行物六誌が廃刊に追い込まれ、少なくとも二二人のジャーナリストやブロガー、編集者が刑事事件で起訴された。三〇人以上のジャーナリストが国外に脱出したという。

二〇〇四年以降、毎年一〇パーセント前後の経済成長率を達成し、世界的にも注目を集めるエチオピア。その政治状況は、きわめて抑圧的だ。二〇一六年八月のリオデジャネイロ・オリンピックでは、エチオピア代表の男子マラソン選手が政府への抗議のポーズをしながらゴールをして、日本でも話題になった。二〇一五年十一月以降、反政府デモへの治安部隊の発砲などで数百人の死者が出て、デモに参加した若者など数千から数万人が逮捕されたとされる。

そもそも、日本とは統治機構の仕組み自体が大きく異なっている。エチオピアでは、国や地方の公務員の役職者には、与党の党員でないとなれない。日本でいうところの県知事や、市町村の農業局の局長といった行政組織の幹部たちは、すべて政権与党の人間で占められている。

エチオピアの行政機関のトップに首相（党首）がいて、末端の行政村のレベルにいたるまで党の組織に組み込まれている。だから、選挙事務だって与党組織がとり仕切っている。選挙の公報から、有権者の登録、開票作業、すべて与党の出先機関が中心的な役割を果たす。中立で公平な選挙という以前の状態なのだ。

日本で首相や政権が交代したところで、大きな混乱が起きないのは、国の仕組みの多くが政権与党とは（少なくとも建前上は）切り離された行政組織にゆだねられているからでもある。

アフリカでは、首相が代わる、あるいは政権交代が起きれば、上から下まで、国家の官僚組織全体が大きく揺らぐことになる。だから暴力的な紛争になってしまう。

エチオピアでは、前々回の二〇〇五年に行われた総選挙で都市部を中心に野党が多くの支持を集め、混乱が起きた。与党勝利の結果を認めない野党支持者たちによる暴動が発生。それを鎮圧しようとする治安部隊とのあいだで流血の事態になった。野党の指導者たちは、選挙後、民衆を扇動した罪で拘束され、ほとんど活動できない状態にさせられた。ジャーナリストへの締め付けが強化されたのも、その直後だ。

次から次に首相が交代しても秩序が保たれている国と、政治的な緊張が国全体の混乱を招いてしまう国。日本とエチオピア、同じ「国」という制度でありながら、違いは大きいように思える。まずは、そこに浮かび上がる差異や類似性から、国家とはなにか、考えていこう。

「わたし」をつくりだす国家

エチオピアは、政治的な統制が強い国だ。自由で公正な選挙が行われているとは言いがたいし、表現の自由への圧力は日増しに強まっている。

前回二〇一〇年の総選挙のあと、アメリカに拠点をおく現政権に批判的なグループが、衛星放送で政治番組を始めた。すぐに多くの市民が熱心に番組を視聴するようになる。首都のアディスでは、放送開始直後からパラボラ・アンテナを買い求める人が殺到して、値段が跳ねあがった。それが、わずか二カ月で突然、視聴できなくなった。政府が中国の技術協力で受信を妨害したのでは、と噂されている。

テレビの地上波は、いまも国営の放送局だけだ。二〇一六年十月には、拡大する政府への抗議活動を抑えるために非常事態宣言が出された。デモ活動は全面的に禁止。数カ月間、携帯からのネット接続も遮断された。この国家の強権的な支配に比べれば、日本はまだ自由な国に思える。

ただし、国民が国家という制度をどれほど内面化しているかという点で考えると、逆の姿がみえてくる。国家支配が強力なエチオピアでも、日本のように整った戸籍や住民票は存在しない。

日本では、子どもが生まれると名前をきめて国に届け出ることがあたりまえになっている。エチオピアには、その仕組みがない。税金を徴収するための世帯主や事業主の登録は進んできたが、国は国民全員の出生や死亡の情報をほとんど把握していない。

当然ながら、親はすぐに子どもに名前をつける必要もない。両親や祖父母は、生まれた子どものことを、それぞれ好き勝手な名前で呼ぶこともある。
たとえば、おじいちゃんは、肌の色が黒くて南部の民族のようなので「ドゥカモ」と呼び、お母さんは、そんな名前はいやだからと「アジャイボ」と呼び、父親はまた別の名前で、といったように、複数の名前が同時に使われ続けることも、めずらしくない。

さらに地域によっては、成人ないし結婚した男女に、生まれたときの「幼名」とは別の名前がつけられる。人によって呼び方が違うこともあるし、自分で好きな名前を名乗ることもある。この成人名が「尊称」となるが、親族や友人などのあいだでは幼名も使われる。

「名前」は、その人のアイデンティティとイコールではない。むしろ、社会的な関係や状況に応じて呼び方が変わったり、同時に複数が併用されたりする。相手をどの名前で呼ぶかによって、その人との関係が示される。

そんなエチオピアの農村部でも、数年前から、若い女性が中東などに家政婦として出稼ぎに行くようになり、パスポートを取得する人が出てきた。この国家が承認する身分証には、もちろんひとつの名前が必要になる。

ただ、正式な戸籍上の名前が存在しないので、そこでも柔軟な使いわけがなされる。たとえば、キリスト教徒がイスラームの国に出稼ぎに行くときには、ビザが下りやすいようにムスリム名でＩＤカードを村役場で出してもらい、そのＩＤの名前でパスポートを申請する。そんなことがふつうに行われている。

エチオピアでの「名前」は、単一の固定したものではない。「戸籍」というつねに参照される典拠がないので、個人の同一性にもとづいたパスポートなどの国家の制度も、するりと身をかわされてしまう。「名前」は、「わたし」という存在の外部にあって、つねに操作可能なのだ。

一方、ぼくらは、幼いころからひとつの固定した名前を前提に育ってきた。テストの答案用紙や自分の持ち物、いろんな書類などに、出生後に親が国に届けたひとつの名前を繰り返し記入してきた。複数の名前を使いわけるなんて、思いも寄らない。

この「記名」は、同時に、出生時にきめられた「性別」を表明し続ける行為でもある。「わたし」の存在に「名前」が付随しているのではなく、国家に登録された「名前」が「わたし」のあり方を定め、かたちづくっていく。それが学校教育にしても、結婚にしても、固定した名前と性別にもとづく社会制度を可能にする。

もちろん、こうなったのは明治期に戸籍制度が整えられて以降のことだ。それまでは、日本でも年齢に応じた名づけや自分の意志での改名がよく行われていた。それがいつの間にか、すっかり「名前」→「わたし」になった。

ひとりにひとつだけのきまった名前がある。ひとつの名前が、その人の同一性を保証する。こうして、「わたし」は、つねに「わたし」であり続ける。個人の同一性と単一性。それが、国家が政策を遂行する基盤になる。

日本とエチオピア、はたしてどちらの国家のほうが「強力」なのだろうか。

エチオピアと日本の国のあり方にみえるねじれ。国家の「支配」とか、「権力」というと、とかく表向きの統制の強さだけが想起される。けれど、それは内面化／身体化の度合いと深く関わっている。その制度があたりまえであればあるほど、国家が関与する密度は増す。

だから日本人が、エチオピア人よりも国家から自由であるとはいえない。戸籍にしても、他のいろんな制度にしても、日本人のほうがはるかに国家の存在を欠かすことのできない前提として生きている。そうやって国家と密着するのが「あたりまえ」になると、自由に息を吸うことがどんな感覚だったのかさえ忘れてしまう。そう、だから「スキマ」が必要なのだ。

社会のあたりまえが国に支えられ、ぼくらのあたりまえの行為が国を成り立たせる。ぼくらの「からだ」や「こころ」は、こうして「国家」とつながっている。「社会」と「世界」のつながり方。このつながりを可視化してみる。まずは、そこを足場にしよう。

身体化される国境

国家にとって、国民の同一性を担保するのに「戸籍」や「国籍」が必要だとしたら、国の同一性を保証するには「国境」の画定が不可欠となる。国と国との領域を定める境界。この「国境」の防衛こそが国家の最大の使命である。みんなそう信じている。

最初にエチオピアを訪れた一九九八年。エチオピアとエリトリアとのあいだで国境紛争が勃発した。もともとエリトリアは、九三年までエチオピアのひとつの州だった。九一年に新政権が樹立されたあと国民投票が行われ、エチオピアから独立したのだ。

エリトリアは、民族的にはエチオピア北部と同じような人びとで構成されている。

でも、六十年間におよぶイタリアの植民地支配のあと、エチオピアに強制的に併合される歴史をへて、地域としての独自性がつくりあげられてきた（エチオピア本土がイタリアに占領されたのは五年間だけだった）。

紛争が始まったとき、私は国境からはずいぶん離れた田舎町にいた。隣国との戦争状態とはいっても、人びとの生活は平穏そのものだった。ただ、乗り合いバスに乗ると、古い銃を手にした男性の姿を何度も目にした。前線に行って国のために戦おうとする志願兵だ。まだあどけなさの残る若い少年兵と南部の町からバスで一緒になったこともあった。エチオピアで広く通じるアムハラ語で話しかけても、彼は理解できなかった。辺境の少数民族の出身だったのだろう。

当時、エチオピアは三〇万人ともいわれる兵力を国境地帯に送り込んだ。調査を始めた村からも何人もの若者が兵士となって戦場に赴いた。トラックの荷台に乗った若者たちを、人びとは歓声をあげて見送った。

同時に、兵士たちの待遇のよさが噂になった。その月給は、農民が稼ぐのに一年はかかる額だった。ラジオでは、エリトリアを侵略者として非難し、前線で戦う兵士を賛美する番組が続いた。テレビでは、人びとが兵士への義援金を贈る映像が繰り返し流された。村でも、エリトリアへの敵対心や愛国的な雰囲気が高まっていった。

村のコーヒー農園では、エリトリア出身の職員が追放された。私が間借りしていた長屋のとなりに住む一家だった。当時、エチオピア国内には、四〇万人ものエリトリア出身者が暮らしていたといわれる。その多くが拘束されたり、財産を没収されたりして、国外追放になった。

こうして戦争が、人びとを「国民」にしていった。エリトリア人を「敵」とすることで、「国民」の輪郭が明確にされ、人びとの意識に刻み込まれた。

紛争では戦闘機や攻撃ヘリが使用され、都市部への空爆も行われた。両国ともにロシアやヨーロッパから最新の兵器や技術者を調達していた。国境地域では、多くの人が住む場所を失い、数十万人規模の難民が発生した。二年間の紛争での死傷者は、七万から一〇万人にも及ぶとされる。村から出征した数人の若者も戦場で命を落として帰らぬ人となった。

紛争の最大の焦点は、砂漠地帯の小さな田舎町の帰属だった。天然資源の存在も噂されたが、どうやらそんなものはなかったようだ。

国家の威信のために、なにもないひとつの田舎町をめぐって、数万の命が失われ、数十万人が住む場所を追われた。開戦によって、日本をはじめ国際社会からの援助もストップし、貿易も停滞した。新政権のもとで経済の自由化が進められ、街にたくさんの外国製品が並ぶようになった矢先のことだった。

世界で最貧国とされる両国が数百億円もの戦費を費やし、多くの命を犠牲にしたにもかかわらず、いまも最終的な国境の画定はできていない。

「国家」と「わたし」の二重の運動

国境をめぐる争いに、国家は威信をかけ、国民は命をかける。なぜ「国境」は、こんなにもぼくらを揺さぶり、駆り立てるのか。たとえ人が住めない無人の岩礁《がんしょう》でも、命をかけて守るべき「国土」となる。

そこには国家と国民のあいだの二重の運動がある。

戸籍に記載された名前や国民としての地位は、個人のアイデンティティとして身体の同一性を保証する。わたしの身体は、国の体制のもとではじめて一個の存在として承認される。国民の身体は、こうして国家の制度によって「かたち」を得る。

一方、国民一人ひとりは国の領土を自分の「身体」そのものとしてイメージする。たとえどんなに小さな無人島であれ、なにもない砂漠の田舎町であれ、国境の侵害は、自分自身の身体を陵辱《りょうじょく》される行為として想起される。

それは、まさに国民にとってアイデンティティ＝同一性の危機となる。

フランスの人類学者ピエール・クラストルは、国家の本質には「多」ではなく「一」への志向性がある、と言った。国家の領域と国民の範囲がひとつになり、国家の意思が国民の意思とひとつになる。「一」なるものへの支配と服従。それが国家に内在する機構なのだ、と。

国家の制度がぼくらの身体の一部となり、遠く離れた国境で囲まれた場所を自分の身体の一部として想像する。「わたし」の身体は「国家」の制度によって受肉され、「国家」の領域は「わたし」の身体の延長として現出する。

この二重の運動のなかで「わたし」が生まれ、「国家」が実現する。でも、「わたし」の存在が国家と不可分だとしたら、「わたし」が変われば、「国家」も変えられるかもしれない。もちろん、ひとりの変化で国家の体制が揺らぐわけではない。でも、自分の身体と国家の領域についての複数の想像力を手にすれば、少なくとも「わたし」と

「国家」との重なりをずらして、そこに「スキマ」がつくれるはずだ。
でも、どうやって……。

村に住む

アディスで滞在ビザの更新などをして、ふたたびアガロに戻った。私ひとりでコーヒー農園の調査を始めようと、農園内に滞在する交渉を続けた。結局、コーヒー農園内での住み込みはできず、隣接するコンバ村の長屋の一部屋を借りることにした。村での調査を始める日の朝、アガロにて。

八月二十二日。八時過ぎに目覚める。窓を開け、短波ラジオを聴く。九時半に朝食屋へ。スーク（小商店）で南京錠とティッシュを買い、一〇〇ブル札（約一六〇〇円）をくずす。郵便局へ。日本への手紙を出す。部屋に戻り、フロイトの続きを読む。（お手伝いを頼んだ村出身の）アンビセが来る。一緒にマーケットへ。

テフ（インジェラをつくる穀物）が一七キロで四一ブル。いきなり高い。お金が足りなくなりそうなので、いったん部屋に戻り、またマーケットを回る。（友人の）タータックが来る。なんやかやとお金がかかる。大きなビニール袋に詰める。先にアンビセを帰して、タータックとマット屋とスークを回る。すべて買い終え、ふたりで昼食。

部屋に戻り、疲れがどっと出る。買ったばかりのマットの上に寝転がる。午後二時ごろ、荷物を運ぶ。タータックとふたりの友人にも手伝ってもらう。と、コーヒー農園の車がくる。駆け寄って、乗せてくれと頼む。「もう少しして出る」と。

ちょうどタータックがマットをもってきてくれて、車の荷台にのせる。自分も部屋に戻り、残りの荷物を運ぶ。折り畳みのパイプベッドや食器など。道行く人にも手伝ってもらう。大家さんの家に行って、あいさつ。テフの袋を担ぐ。タータックとアンビセが急ぎ足でついてくる。雨が降りだす。マットを荷台にのせたのは間違いだったか。濡れないか、気になる。アンビセとふたりでコンバ村へ。

間借りした部屋に荷物を運び、大家の奥さんと話す。意外とおしゃべりな人だ。アンビセに野菜のワット(おかず)のインジェラをつくってもらう。シャイも。おいしい。夕食後は、短波ラジオでNHKの国際放送を聞く。「原爆症の認定について」。村での生活が始まった。

八月二十三日。夜中、扉をノックするような音に目を覚ます。時計をみると、午前四時。それから眠れない。七時前に女性たちが起きだす。アンビセがシャイを淹れているのがわかる。が、しばらく寝転がったまま。七時半ごろ起きる。ビスケットを買いに行ってもらって、朝食。食後、アンビセが水汲みに行くのについていく。家の裏のコーヒー林を抜け、放牧地を通って、水場へ。そのまま放牧地の先までひとりで歩く。

二本の川が交わり、大きな流れになっている。水汲みに来た子どもたちと坂を上り、集落のほうに戻る。部屋に帰ると、ちょうど裏庭にある小屋から牛が部屋のなかを通って外へ出ていく。部屋で糞をしても、誰も気にしない。そもそも牛糞は、床をかためるセメント代わりだし、乾燥させれば燃料にもなる。ここでは人間も家畜も同類だ。

と、隣の家で牛の解体が始まる。カメラをもって出る。主人の男性があまりいい顔をしなかったので、二枚だけ撮り、少し眺めて部屋に戻る。最初は慎重に行動しよう。

休日で農園のオフィスは閉まっている。部屋にいてもすることはない。アンビセがいるので、昼寝もしにくい。「ちょっと出てくる」と外に出たはいいが、行くあてもない。コーヒー農園に通じる小道があったので、労働者村のほうへ。農園内をぐるっと歩いて帰る。太陽がまぶしくて暑い。

以前、アガロからの車で会った男性がいる。オロモ語の会話。うまく続かない。帰って勉強しようと、部屋に戻り、庭でアンビセ相手にオロモ語の単語の復習。途中から近所の子どもを相手に。お隣のおばあちゃんが、私を見ようと群がる子どもたちを追い払ってくれる。

木の下でオロモ語の復習。数字を覚える。同じ長屋に住む（エリトリア出身の）タゲニが女の子の髪を結っている。アンビセも来て、頭を彼女にゆ

最初に村で間借りした部屋の前で。近所の子どもたちと

裏庭の小屋から牛が家のなかを通って道に出る。古新聞を内装の壁紙にしている

だねる。部屋に入り、少し休憩。夕食をとったのが七時過ぎ。夕食後、タゲニの弟に日本語について話す。大家と奥さんも来て、漢字について説明。九時ごろまで。

そのあと、アンビセと宗教の話や宇宙の話。宇宙がいかに広いかを伝えたくて、光速の説明からする。わかってもらえたかは不明。ただ、熱心に質問をぶつけてくる。賢い子だ。集中力も途切れない。おばあちゃんも話に加わる。こちらも身振り手振りを交えて、数少ない語彙のアムハラ語で懸命に説明する。寝たのは十一時過ぎ。

お手伝いをしてくれていたアンビセが長屋のとなりに住むタゲニに髪を結ってもらっている。エリトリア出身のタゲニの家族は、エリトリアとの国境紛争が始まると、勤めていた農園から追放され、村から姿を消した

第五章

市場

自由と独占のはざまで

ぼくらと「国家」という大きな制度との関係。その結びつきを理解することは、「わたし」という小さな存在がいかに手の届かない「世界」を動かせるのか、その手綱のありかを探すことだ。

「わたし」が「世界」を揺さぶるためには、そのふたつがどこでどう連結しているかを知らなければならない。

「わたし」を変えることが「世界」を変えることになる。たぶん、ぼくらには、その実感をきちんとつかみなおす必要がある。その感触を求めて、今度は「市場《しじょう》」について考えてみよう。

国家よりもさらに大きく広がっているような市場と、「わたし」はどうつながっているのか……？

社会主義という経験

エチオピアは、一九七四年から一九九一年まで、「デルグ」と呼ばれる軍事独裁政権による社会主義体制下にあった。それまで国のトップにいた皇帝を廃位し、国土の大部分を所有していた貴族や大地主から土地を取りあげ、小作農に分配した。土地はすべて国有とされ、土地の売買や貸借《たいしゃく》も全面的に禁止された。

この一九七五年の土地改革は、当時、アフリカでもっともラディカルな「革命」だといわれた。一九八〇年代には各地にソビエト型の集団農場がつくられ、農産物の流通も国が一元的に管理するようになった。人びとは、自分の土地や地主の土地を耕す「農民」から、集団農場や国営農園で働く「労働者」になった。

村人は、きまって複雑な思いで当時を振り返る。それまでの地主と小作という圧倒的な格差は解消された。多くの人が自分の家屋敷や畑を与えられ、教育も受けられるようになった。しかし、国軍の兵士や未亡人の土地を村人総出で耕したり、村の公共事業にかり出されたり、人びとは、日々、過酷な労働奉仕を強いられた。

村ではユニフォームを着た労働党の幹部が実権を握り、生活のありとあらゆることを取り締まりだした。宗教が否定され、公の場での一切の宗教行為が禁じられた。やがて多くの人が断食や礼拝をしなくなった。「村から宗教が消えた」。人びとはそう振り返る。

ある労働党の幹部が死んだとき、村ではその埋葬が問題となった。人びとはイスラームの導師に訊ねた。

「彼をムスリムとして葬《ほうむ》ることはできないのか？」

導師は「礼拝もなにもしていない者に葬送の儀礼はできない」と拒否した。結局、なんの宗教的な祈りも捧げられず、亡骸《なきがら》はそのまま林の片隅に埋められた。

いまのぼくらには社会主義的な計画経済の生活を想像すること自体が難しい。でも、そこから自由主義的な市場経済を眺めてみると、世界を動かしている「市場」とはなにか、その輪郭がつかめるかもしれない。

宗教が禁じられた理由

エチオピアが社会主義体制にあったとき、なぜ宗教行為まで禁止されたのだろうか。

祈りも捧げられず林の隅に埋められた遺体は、なにを物語っているのか。その答えは「社会主義」の中心的な信念と関わっている。

二十世紀の社会主義国家を駆動していたのは、人間の合理性への信頼だった。さまざまな政策を決定し、実行する意志決定の合理性という信念。人間の欲求や思考、労働や身体、生や死に至るまでを適切に一元管理できるという確信。

この信念は、人間を超越した神に最終審判をゆだねる宗教の理念とは相容れない。だから、社会主義国では宗教が否定され、人民の生活のあらゆる意志決定を担う国家機構が膨張した。エチオピアでは、農産物の流通や商品価格、土地の開発や配分など、すべてが国家の計画にもとづいて実施されるようになった。

中央の決定を末端まで徹底しようとすれば、必然的に一党独裁の体制になる。中央の決定に従わない人間は粛正《しゅくせい》され、異論は封じられた。村でも党の幹部にすべての権限が集中し、人びとの営みのあらゆる意志決定を担う主体となった。

村人があの時代を複雑な思いで振り返る理由は、そこにある。小作人や使用人だった者が自分の家や畑を与えられ、対等な立場で発言できるようになった。すべての世帯主が農民組合に入り、土地をもたない貧しい「よそ者」だった移民も村の正式な一員となった。

しかし一方で、誰がどの土地をどれだけもらえるのか、どういう立場でどんな仕事をするのか、すべては権限をもつ者の決定にゆだねられた。その決定は、かならずしも合理的な計画や判断にもとづいたものではなかった。重要なのは、結局、権限を握る者たちとの「コネ」だった。しだいに腐敗が蔓延し、恣意《しい》的な権限の濫用《らんよう》も目立つようになる。

農民組合の議長は、自分や親族の土地を拡大させた。村人があらたな土地の配分を受けるには、議長や党の幹部に賄賂を渡す必要があった。

特定の者だけに集約された意志決定の権限は、人びとの満たされない思いを増大させる。そして、その不満の矛先《ほこさき》は、意志決定を担う者たちへと向けられた。資源の不公平な配分は、つねにそれを決定した側の責任となり、人民はその被害者となる。この不遇な状況をつくりだしたのは、すべて権力者のせいだ。一党独裁を必要とする社会主義体制の根底には、その独裁の永続を難しくする構造的矛盾がある。

社会主義体制を維持する困難さは、中央集権的な構造自体に起因している。「土地を耕作者へ」というスローガンで始まったエチオピアの革命も、結局、適正な資源配分を達成できず、民衆の支持を得られなかった。それでも政府が計画どおりに政策を推し進めようとすれば、強権的な手法を使うよりほかなくなる。それがさらに人びとの不満を募らせた。

一九八〇年代後半、当初から反政府ゲリラが活動していた北部をはじめ、複数の民族集団の武装勢力が蜂起し、内戦が激化した。一九九一年、独裁政権は、結集した反政府勢力によって打倒され、十七年で幕を閉じることになる。

分散される権限と責任

もちろん自由主義的な市場経済でも、中央集権的な意志決定のシステムはある。それは市場経済が政府／国家という仕組みを維持していることからもわかる。ただし、市場経済において、この意志決定の集約は、一部、放棄され、個人に委譲されている。

市場では、財やサービスの適正な配分の大半が、個々の国民／消費者の決定にゆだねられる。誰がどんな職業につき、どれくらい収入を得るのか、それは個人の決定次第だ。社会主義体制下のように、政府が国民に仕事を割り当てることはない。それは個人の意志と責任にもとづき、労働市場の「競争」で決まるべきだとされる。

なにをよいと感じ、どれくらい手に入れるかも、市場では個人の選択にまかされている。収入に見合わない高価な車を買って、ローンの返済に苦しむのは、その人の計画性のなさや思慮の浅さのせいであって、他の人にはなんら責任がない。逆に車が好きでたまらない人が車に大金をつぎ込むのを、誰も止めることはできないし、止めるべきでもない。

個人は、能力にもとづいて仕事を獲得し、それにふさわしい報酬を手にする。たとえ報酬が少なかったとしても、それは自分の努力や能力の結果でしかない。みんながそう思っている。だからこそ、それぞれの家庭は、子どもの教育に手にした資源の多くを投入する。国家は教育の機会を提供しても、個々人がどんな学歴を手にし、どういう職業につき、どこでどんな生活をするのかについて、責任を負ってはくれないのだから。

病気や失業などのリスクも、市場の論理では、原則として保険や貯蓄で個々に対処することが求められる。不摂生を続けて病気になるのは、その人の日ごろの健康管理が至らないから。その人の健康を維持するためのコストを、他人が負担する理由はない、となる。すべて自分で決めたことなので、生活をめぐる不満の矛先は自分自身に向かうほかない。それが「市場」の論理だ。

社会主義国家において、意志決定の合理性への信頼は、決定権の集約につながった。だからこそ、その決定への不満はすべて権力をもつ者へと向けられる。仕事を与えたのも、そのやり方を定めたのも、すべて彼らなのだから。多くの国で、社会主義政権が長続きしなかった背景に、この構造的矛盾がある。

自由主義の市場経済では、その権限と責任の多くが個人へとゆだねられている。国家は、意志決定の自由を個人に渡す代わりに、政府に向けられる責任追及のリスクを分散させている。

いっけん正反対で相容れない社会主義の計画経済と自由主義の市場経済。その差異は、国家の意志決定をめぐる権限／責任の割り当てのバランスに由来している。

意志決定を中央の国家に集約させ、統制された計画的な資源配分を目指すのか。市場をとおして決定権を個人に分散してゆだね、その結果を適正なものとして受容するのか。「市場」という仕組みの正体とはなにか。その背後に見え隠れする「国家」との関係をどう考えるのか。

市場をつくる「わたし」

計画経済では、資源の配分を国家が一元的に決めていた。市場経済では、原則として、その配分の「最適値」を消費者の行動が決めていく。いわば、社会でよいとされる価値が、多数の決定者の選択にゆだねられている。

売れる商品をつくる会社がよい会社で、商品が売れない会社は淘汰《とうた》される。人や企業が集まる観光地や都市がよい地域で、魅力がないと人は去っていく(多くの社会主義国では、政府が人口の配置を決定し、自由な移動が制限された)。

政治の世界だって同じ。票をとれる人がよき政治家とされ、国民から支持されない政党は、政権の座につくことはできない。社会主義の計画経済が独裁的な政治体制になりやすい一方で、自由主義の市場経済が政治的な民主主義と相性がよい理由はここにある。

市場経済/民主主義の社会では、「価値」の方向性が誰かによって一方的に押しつけられることはない。世界の中心で、社会にとっての価値をつねに提示し、個人の生き方についての意志決定を担い続ける人や権力は存在しない。価値をつくりだし、意志決定しているのは、無数の「わたし」であり、「あなた」なのだ。

市場は、こうしてぼくらに自由をもたらす装置となる。

わたしとあなたがいま、どこの出版社の本を手にとり、どういう番組を視聴し、毎日どのウェブサイトをチェックするか。世間のどんな声に耳を澄ませるのか。この瞬間に、どのようなことに憤りを覚え、誰を愛し、なにに心を揺さぶられるか。その一つひとつの行動が、世界を動かし、社会のかたちを決めていく。権限と責任が分散している市場／民主主義は、ぼくら一人ひとりが世界／社会をつくりだすことを可能にしている。

もちろん、特定の価値選択へと個人を誘導する仕掛けがたくさん潜んでいる。沖縄在住の政治学者ダグラス・ラミスは言う。芋とかニンジンとか大豆とか豆腐とか、日々の生活に不可欠なもののコマーシャルはない。コマーシャルは、基本的にいらないものを買うように消費者を説得するためのものだ、と。この誘惑の構造が、市場を動かす力になっている。

それに市場では、公平とはほど遠い偏った富の配分がなされる。生まれつき多くの財産をもつ人となにももたない人が、その格差を市場のなかだけで埋めるのは至難の業だ。市場で価値あるものを手に入れるためにそれと交換する財をもたない人は、まず自分自身の身体を「労働力」として売るしかない。子どもや病人など、それができない人は、誰かに与えられないかぎり、なにも手に入れられない。市場の論理は、その不公平な配分の責任を過剰に個人に押しつける。

それでもなお、ぼくらには誘惑に抗して、みずから価値を見定める余地がある。市場の片隅で、自分がよいと思う価値を発信する自由がある。たとえわずかであれ、世界の構築に参与する手段をもっている。

自由と独占のはざまで

この世の困難さの多くは、ある面では正の効果をもつ手段や行為が、同時に負の可能性をもつことにある。どこかに諸悪の根源があって、それをとり除けばすべてがうまくいく、なんてことはない。すべての問題を最終的に解決できる力や手段があるわけでもない。残念ながら、世の中はそうなっていない。

市場では、個人が社会の価値を自分で選び、生み出すことができる。でも、特定の個人に富が過剰に配分されることを妨げられない。一部の人の創出する価値だけが評価を集めることも避けられない。誰もがスティーブ・ジョブズや村上春樹にはなれない。

貧しく不利な条件にある人でも、いろんな職業につく可能性はある。ただ、努力しても貧しさから抜け出せない社会構造があっても、その責任は原則として個人が負わされる。この「市場」の両義性に向き合うとき、「国家」との関係が重要になる。

市場と国家。このふたつはよく対立する仕組みのように言われるけれど、それは違う。市場は国家を必要とし、国家も市場を必要としている。

市場は根本的な格差を是正できない。その偏りは、国家が徴税と社会保障による再分配で補う。また、市場が限られた企業の独占状態に陥ると、消費者は自由に選択できなくなる。商品の多様性はなくなり、市場は活力を失う。自由な競争を可能にしているのは、「ルール」であって、「放任」ではない。格差や独占を是正し、ルールの順守を監視する上位の権力として、国家が必要とされる。

歴史家のフェルナン・ブローデルは、自由な競争に根ざす市場にとっての真の脅威は、国家というよりも、国の領域を越えて独占を志向する「資本主義」のほうだと指摘する。資本主義こそが、反―市場である、と。国家は、資本主義を優遇し、それを援助する。しかし同時に、国家は、資本主義が国家の自由な行動を妨げるおそれがあるのでその躍進を妨げようとする。

市場にとっても、国家は両義的な存在だ。国家は、市場の自由な競争を保護するために治安を維持し、ルールを守らせる。しかし、その介入が強まりすぎると、今度は自由な活動が阻害され、計画経済へと近づく。自由市場か、計画経済の統制市場かは、国家の関与の度合いで決まる。

市場と国家は互いに互いを必要とし、どちらかが強くなりすぎないようにバランスをとりあっている。市場には、ルールをつくり、秩序を維持する国家が欠かせない。国家も、市場をとおして一定の責任と権限を国民に分散させ、その体制の維持を図っている。市場と国家は、切っても切り離せない。ただ、お互い相手にあんまり出しゃばられても困る。

一元管理を志向する国家と分散された意志決定の自由を求める市場。現代の世界に生きるぼくらは、このふたつの力学のただなかにいる。そこで、市場が資本主義の独占や国家の支配の道具になるか、それとも志ある人びとの可能性を生かす場になるか。それは、国家が市場にどのようなルールをつくり、消費者／有権者がいかに選択をするか、にかかっている。市場や国家をたんに批判するだけでは、なにも変わらない。どちらか一方を過度に批判することは、他方の力を増大させることにもなりかねない。それらは裏でつながりあっているのだから。

市場と国家の力学を見極め、世界とぼくらをつないでいる細い糸をたぐり寄せる。その糸を紡いで、そこに小さなスキマをつくる。構築人類学の仕事は、その糸のありかを指し示すことにある。

農民の家に居候する

一九九八年十二月、エチオピアに渡って半年あまりが過ぎた。村での調査はあまり進まなかった。もっと村人の暮らしを知りたかった。そこで間借りした部屋を出て、アンビセの親戚である農民の家に居候させてもらうことにした。牛の放牧の調査を始めていた。居候先での最初の夜が明けて迎えた朝。

十二月十三日。あまり眠れなかった。ノミもいるようだ。床が固いのも気になってしまう。早朝、家のなかで飼われている鶏の激しい鳴き声に目が覚めてからは、寝つけなかった。

まずアッバ・オリ（家長の六十代男性）が起きて外に出て行く。どうしたらいいのかわからず、横になったまま様子をみる。ディノ（私と同い年の四男）が起き上がってから、私も外に出る。少し肌寒い。静かな朝だ。

アンビセが来て、ディノと朝食の小麦のポリッジを食べる。食欲はある。

隣の家でコーヒーを飲み、放牧地に下りる。牛の群れが集まっている。川のほうに行く。以前と同じように牛の群れがいる。ぐるっと水場のほうにまわり、コーヒー林を抜け、集落に戻る。

家に戻ってメモをとる。静かであまり人も来ないので、落ち着く。前の道路沿いの長屋は、つねに誰かに見られている感じだった。ディノと話し、隣の家の子どもとオロモ語の練習をする。昼食は一時半ごろ。インジェラ。食欲があり、どんどん食べられる。以前とは大違いだ。

アッバ・オリが（イスラームの）お祈りを済ませて食事をとる横でくつろぐ。コーヒーが用意され、三杯ほど飲む。最初は濃く感じたコーヒーもおいしく思えるようになった。

三時前に立ち上がる。別の放牧地に行ってみる。トウモロコシはすべて刈りとられている。牛の姿も見える。牧童のところに行って座る。夕方は五時まで集団で放牧するようになったという。少し話をして、坂を下り、コーヒー林のなかを水場へ。川で水を飲みに行っていた群れが戻ってくるところ。汗ばんだ手と顔を川の冷たい水で洗う。日差しがきつい。日傘が必要だ。

川を渡って牛の群れを眺める。以前、遠くの放牧地で会った少年がいる。いまはもうそこには行かないようだ。しばらく話を聞いて水場に戻る。私を呼ぶ声。木陰のほうに行くと、最初に仲良くなった青年がいる。あまり

居候先のアッバ・オリー家の家。左側の家で寝泊まりした。右側はティノの新居

牛の放牧の調査をするときは、いつも牧童の子どもたちが先生だった

話もはずまないが、日差しが弱まるまで彼の隣に座っている。

家に帰る。近所の女の子が少年を追いかけて遊んでいる。その子にバナナの葉の蔓《つる》で叩かれる。外に椅子を出して、メモをとる。子どもたちが騒々しい。暗くなると書けなくなるので、いまのうち。

ディノが帰ってくるまでシャイを飲んで待つ。ディノの生まれたばかりの赤ちゃんの具合があまりよくないらしい。夕食を食べながら、「邪視のせいだ」と話している。アッバ・オリが野球ボールほどのインジェラを私の口に入れようとする。さすがに一度では食べられない。またお腹いっぱいになった。寝袋にもぐり込んで寝たのが九時半過ぎ。

十二月十四日。アッバ・オリが起きてから自分も起き上がる。アッバ・オリは咳がひどい。八時過ぎ、アッバ・オリとシャイとパンの朝食。なんだか豪華な朝食に思える。九時前、出かける準備。親戚の青年が放牧地に牛を連れていくというので待つ。一緒に放牧地へ。牛に畑のトウモロコシの茎を食べさせながら、ゆっくり進む。

九時から集団放牧が始まると聞いていたが、まったくというほど人がいない。ちらほらと集まりはじめたのが十時ごろ。今日の当番は、男性と女性の大人。放牧集団の責任者も来ている。当番のふたりが川を越えて、トウモロコシ畑のほうに牛を追っていく。それを見送って帰路につく。腹が痛む。インジェラを食べすぎたか。

家に帰ると、誰もいない。なんの音もしない。エチオピアに来て、こんな穏やかな気持ちになれる場所は初めてかもしれない。

かすかに蜂の羽音が低く聞こえる。トウモロコシを収穫した後、その畑に黄色の花を咲かす雑草が伸びる。その花の蜜を蜂が集めて、蜂蜜ができる。それを人間が集める。刈りあとの雑草は牛の餌になり、牛の落とした糞は翌年のトウモロコシの肥料になる。自然の循環。家のなかに座ってメモをとり、ときどきぼぉっとする。

第六章

援助

奇妙な贈与とそのねじれ

「わたし」と世界との関わりを知るために、「国家」と「市場」について考えてきた。とても大きなテーマなので、まだ手にした材料は乏しい。まったく別の角度から考察を続けよう。

エチオピアは、世界でも「最貧国」といわれる国のひとつ。二〇一五年のGDP（国内総生産）は約六四五億ドルで、日本のわずか一・五パーセント。この国では「援助」について耳にすることは日常茶飯事だ。

「援助」がなぜ「国家」と「市場」について考えることになるのか。

その奇妙な贈与の結末とは……？

食糧援助とは？

エチオピアに先進国などから提供される開発援助は、年間三九億ドルに達する（二〇一三年）。これはエチオピアの国家予算の半分を超える額だ。長年、エチオピアに通っていると、政府や国連が出す緊急援助のアピールは、毎年の恒例行事のような感覚すらある。

二〇〇八年、エチオピアの南東部を中心に洪水と旱魃《かんばつ》の被害がでた。当初、エチオピア政府は「四六〇万人が被害を受けている」と発表した。その後、国連は「八〇〇万人が緊急の援助食糧を必要としている」と発表。十月に出された正式アピールでは「六四〇万人に二七万トンの食糧が必要」とされた。この年、アメリカは八〇万トンの食糧を提供、国際社会からの緊急援助は一〇億ドルに上った。

二〇〇九年には、エチオピア北部や南東部などが不安定な降雨による不作になった。十月に政府が「六二〇万人が食糧不足」と発表し、世界食糧計画（WFP）は「一〇〇〇万人が食糧不足」とアピールを出した。

こんな感じで、毎年、きまって食糧不足と援助のことが話題に上る。雨が降らなければ旱魃になり、雨が降ったら降ったで、洪水の被害が出る。

実際に現地でなにが起きているのか。自分の目で確かめようと思い、二〇〇九年十一月、エチオピア北部の農村を訪ね歩いた。ひさしぶりにローカル・バスを乗り継ぎながらの旅になった。

たしかに雨の降りはじめが遅れるなどして、不作になっている地域があった。雨が降らないのではなく、降雨の時期が問題なのだ。ただ、ひとつの作物がだめでも、そのあと種を蒔いた作物が実ることもある。飢えでばたばたと人が倒れるような状態は、どこにもなかった。場所によっては、青々としたきれいな穂をつけた麦やモロコシの畑がどこまでも広がっている。

食糧不足はないとか、援助は必要ない、と言いたいわけではない。じつのところ、それはよくわからない。国際社会による援助があるからこそ最悪の事態は免れているのかもしれない。ここで「援助」をとりあげたのは、そこに「国家」や「市場」を考える手がかりがあるからだ。

穀物や食用油などの現物を人びとに配布する食糧援助。近年では、世界の食糧援助の六割以上が、サハラ以南のアフリカ諸国に提供されている。なかでもエチオピアは世界第二位の援助受け入れ国で、アフリカでも群を抜いている。

そして、この世界の食糧援助の大半をアメリカ一国で拠出している。さすが世界の超大国、太っ腹……というわけでもない。

アメリカには、国内農業を保護するための農産物の価格維持政策がある。豊作で市場価格が低迷すれば、政府が買いとって価格を支える。買いとり量が増えれば、それだけ備蓄コストが高まる。かといって、それを市場に流せば、また価格が下落してしまう。

そこで「食糧援助」が使われるのだ。許容量を超える余剰穀物は、船に積まれ、援助を求めるアフリカ諸国に運ばれる。そして、「貧困」や「食糧不足」に苦しむとされる地域で住民に配られる。どの国にどれだけ援助するかは、アメリカの外交戦略で決まる。

市場を支えるために、市場外の取引である「援助」が利用され、同時に援助を与える理由となる「貧困」や「食糧不足」が探しだされる。

かならずしも貧困があるから、食糧援助がなされているわけではない。それは、食糧不足の有無にかかわらず、穀物価格が高騰すれば、アメリカの援助拠出量が減ることからもわかる。実際、小麦価格が急騰した二〇〇五年以降、アメリカの援助量は半減した。そこに飢えている人がいるかどうかは、ほとんど関係ないのだ。

援助がつなぐ「国家」と「市場」

ここでも国家と市場の奇妙な依存関係が透けてみえる。政府にとって農業関係者は大きな票田となる。農産物の市場価格を維持し、その支持を得ることで、政権の安定を図る。政府が余剰穀物を買いとれば、本来なら天候や収量によって価格が上下する市場も安定を保てる。

「価格」だけではない。市場では、基本的に買いたいと思う相手のところにしか商品は届かない。だからいろんな手段で、こんないいものがある、と知らせなければならない。たとえ知っていても、他のもので満足している人に買ってもらうには、消費意欲を刺激しないといけない。この市場開拓のためにも食糧援助は使われてきた。戦後、日本でパン食の普及にアメリカからの援助小麦が一役買ったのがいい例だ。

国家、市場、援助。いっけん関係なさそうなところに、絡まったなにかがある。

アメリカから送られた穀物袋や食用油の缶には、星条旗の大きなプリントとともに「FROM THE AMERICAN PEOPLE（アメリカの人びとから）」の文字が記されている。そして「売却や交換は禁止」とも書かれている。

なぜ売却／交換をしてはいけないのか？ ひとつには、現地への悪影響を最小限にするため。大量の援助穀物がローカル市場に流れれば、現地の穀物価格が暴落してしまう。タダでもらった穀物が安値で売られたら、苦労して畑を耕すのは割に合わなくなる。

そして、もうひとつの理由は、先進国からの援助が「贈与」だから。「経済」の章でバレンタインデーを例に説明した。女の子からチョコレートをもらったとき、その代金を払おうとしたら、たいへんな侮辱になる。もらったチョコレートを別の男の子に売ったら、もっと侮辱になる。贈り物は、贈り物として受けとらなければならない。商品を扱うようにお金を支払ったり、すぐに転売したりしてはいけない。

だから、ご丁寧にすべての食糧に「売却禁止」と書かれているのだ。ふつうプレゼントに「売ってはダメ！」なんて書かないけれど、援助国はなんとかそのモノを「贈り物」にしようとしている。

ところが残念なことに、エチオピアの多くの農民は英語を読めない。田舎で聞いてみたら、星条旗がアメリカの国旗であることすら知らなかった。みんなエチオピア政府が食糧を配っていると考えているようだった。

そして、定期市には、配布された穀物や食用油がずらりと並ぶ。どこの市場《いちば》にいっても、星条旗のついた袋のまま援助穀物が積まれていたりする。カメラを向けても、悪びれることなく、にっこり笑ってくれる。新年の直前などは現金が必要になるので、「いまは（援助の）食用油がよく市場に出回る季節だ」なんて言葉を耳にする。

ここには、また奇妙な「ねじれ」がある。穀物の価格を維持するために先進国で市場の外に出されて「贈り物（非商品）」になった穀物や食用油が、援助されたアフリカでふたたび市場に戻って「商品」となる。

アメリカ国民の善意から寄贈されたことになっている食糧が、現地では誰がどんな意図で配っているのか、まったくわからず、まるで違った扱いを受ける。相手のことをあまり考えずに一方的に贈られた援助穀物は、ちゃんと贈り物としては届いていないのだ。

市場での「商品」の取引は非人間的な行為で、それとはまったく別のものとして

「贈与」という心温まる情に満ちた振る舞いがある、と単純に切り分けることはできない。商品としてアメリカで生産された穀物が、援助物資という贈り物に変わる。それがまたエチオピアで、市場で売られる商品になる。市場と非市場とが裏でつながり、モノは「贈り物」と「商品」のあいだを行き来する。

人類学者のイゴール・コピトフは、モノは「いつでも交換できる商品」と「交換不可能なかけがえのないもの」という、ふたつの極のあいだを揺れ動いている、と指摘した。たとえありふれた商品でも、亡くなった家族が愛用していたら、値段をつけられない貴重な形見となる。ぼくらは、こうしたモノの連続的な動きのなかに仮の区切りを入れる。これは売られている商品、こっちは大切な贈り物といった感じで。こうして、「市場」の輪郭が浮かび上がる。

この仮の輪郭が「世界」をつくりだす。世界は、最初からなにかの「かたち」をもってできあがっているのではない。ぼくらがいろんなモノを動かし、その扱い方を変えることで「かたち」がみえてくる。

「市場」の取引の先に「贈与」の世界を創り出すこともできる。「国家」の再分配の背後に、「市場」の論理が連結することもある。市場と国家のはざまに生まれた食糧援助という奇妙な贈与。その奇妙さからなにがわかるのか。そこから、どうやって別の世界を構想すればよいのか。

奇妙な贈与の不思議な結末

先進国とエチオピアを結びつける食糧援助。そこには国家や市場がいろんなずれ方をしながら絡みあっていた。

アメリカなど穀物生産国には、穀物市場を裏で支える農業保護政策があった。市場の価格は需要と供給といった市場の論理だけでなく、国家の介入によって決まる。政府が買いとった穀物は市場の外に出され、援助物資という「贈り物」に変わる。

食糧不足の有無だけでなく、外交戦略や市場開拓の可能性から援助対象が決められ、アメリカの人道主義の象徴として星条旗のラベルとともに世界各地に贈られる。

しかし、食糧を受けとるエチオピア人の多くは、アメリカが贈り主であることを知らない。エチオピア政府は、援助の配布を自分たち政権与党の功績としてアピールし、国内政治のロジックで援助を配る。国際メディアの報道では、野党支持の多い地域の援助がストップされることもあるという。

ある日、援助配布の現場を観察していると、村長が人びとからお金を受けとってなにやら紙に記録している。聞くと、村人から税金を集めているのだという。税金をきちんと納めた者だけが、援助食糧を受けとれるのだ。みんな政府が食糧を配っていると考えても、無理はない。

同時に村では、誰が食糧を受けとるのか、その「困窮者」を決める村の議長たちも、援助食糧の配分をとおして自分たちの政治力を高めている。農民たちは「村の議長とけんかしたら、援助の対象者からはずされる」とささやく。

アメリカの国内農業保護や外交戦略的な思惑も、援助相手のエチオピアでは国内の政治的意図に塗り替えられ、さまざまなレベルの政治的リソースとして流用される。

援助食糧を受けとった人たちは、お金に困れば、それを定期市で売却する。いったん市場の外に出された食糧という「贈り物」が、ふたたび「商品」となって市場に戻る。

農村部に大量の援助食糧が届くようになって以来、配布された穀物からお酒が醸造され、親類縁者を招いて催す宗教的な祝祭が活発化したという話も聞いた。飢えをしのぐための「援助」が、地域の人びとの社会関係を維持する儀礼に使われている。贈り主のわからない贈与が別の贈与へと転用され、ささやかな楽しみの空間をつくりだす。

援助穀物は、船に乗って海を渡り、トラックに積まれ、長い旅をへてエチオピアの辺境の村人の手元に届く。この旅路の果てに、小さな「社会」が出現している。

国境を越えてモノが動き回り、その結節点に国家や市場が関与しながら、その先にいくつものささやかな「社会」が構築されていく。それは、現代のグローバル化した世界のひとつの縮図でもある。

国家と市場のスキマ

さて、この「縮図」からなにがわかるのか。ひとつは、「政治」や「経済」が単純に切り分けられる領域ではないということ。それらはいろんなところで「癒着」している。

ぼくらが、ぼんやりと「そこにある」と感じている国家や市場にも、最初から明確な輪郭があるわけではない。売買というルールのもとで交換するのか、直接的な対価を求めず（でもいろんな意図を実現するために）贈り物として渡すのか。一元的な意志決定の枠組みにもとづくのか、分散的な意志決定にゆだねるのか。モノを動かし、その動かし方を変えるやりとりのなかで、その輪郭がつくられていく。

もうひとつ重要なのは、個人の日常的な行為のレベルが、国家や市場といった大きな動きと「連結」しながらも、かならずしも「連動」していないという点。つながってはいるが、前もって意図された方向だけに動くわけではない。そこに世界を変えるためのスキマがある。アメリカの外交戦略も、エチオピア政府の政治的意図も、いろんな人とモノの連結の過程をへて薄められていく。国家や市場の「思惑」は、最後は個人のささやかな行為のなかで解消される。

さまざまな人の思惑が絡んだ「援助食糧」を消費し、交換し、酒をつくり、そこに「社会」をつくりあげているのは、人びとの日々の営みだ。ぼくらが生きるスキマとしての社会は、こうして大きな制度のただなかに生まれる。

国家の政治的な意図を実現するのか、そこからかけ離れた自分たちの選択のなかでまったく違う社会関係をつくりあげるのか、それはぼくらの行為にかかっている。国家の権力や市場の搾取は、上からの暴力的な支配によってのみ実現されるわけではない。むしろ、あらゆる人びとの主体的な行為のなかで現実化する。

これまで人類学は、西洋近代の国民国家や市場経済といった巨大な力を批判してきた。でも、「わたし」という存在から切り離された力を批判するだけの時代は終わりつつある。「わたし」が行為している、その同じ地平で国家や市場といった「世界」が同時に生成している。「世界」は、「社会」を越えた先にあるのではなく、そのすぐ横にある。

ぼくらは「国家権力」や「市場原理」といった言葉に惑わされてきた。国家が、つねに暴力的な(あるいは無能な)権力者の手中にあるわけではない。市場は不変で一貫した原理だけで動いているわけでもない。国家や市場は、あくまでいろんなかたちで連結し、依存し合って存在している。その依存の輪のなかに、「わたし」もいる。

「経済」の章で書いたように、誰もが市場にモノを投入して商品化することもできるし、市場からモノをとりだし、「贈り物」として脱商品化することもできる。商品交換を行う市場に身をおけば、誰もが人間関係にわずらわされない無色透明な匿名の存在になる。でもその市場のとなりに「贈与」の領域をつくりだし、愛情を可視化し、「家族」という親密な関係をつくることもできる。現にぼくらは、そうやってささやかな顔の見える「社会」を構築している。

「世界」のなかに「社会」をつくりだす力。強固な「制度」のただなかに、自分たちでモノを与えあい、自由に息を吸うためのスキマをつくる力。それがぼくらにはある。国家や市場による構築性を批判するだけではなく、自分たちの構築力に目を向ける。それが構築人類学の歩むべき道だ。

もちろん、国家や市場を無視してよい、という意味ではない。ぼくら自身の手で現実化している国家や市場の網の目のなかで、どこを目指すのか。最後に考えよう。

村を離れる

一九九九年一月五日の夜。みんなでディノの結婚相手のブルトカンの実家を訪ねる。断食月ラマダンの最中。村を離れる日が近づいていた。

ディノとブルトカンと話をする。ときどきディノがブルトカンとじゃれあうので、「もう帰るぞ!」と言って立ち上がったりしながら、談笑する。しばらくして、アッバ・オリが家に帰るというので、あとを追う。

家に戻ると、深夜零時をまわっていた。食事のインジェラを囲む。みんなで同じ皿をつつきながら、アッバ・オリのおかしな話で盛り上がる。笑いにあふれている。やっとオロモ語とアムハラ語で会話が楽しめるようになった。「明日、自分も断食するから!」と、宣言する。

一月六日。眠りについたのは午前二時過ぎ。蜂蜜ジュースの飲みすぎで、三時半と五時過ぎに目が覚め、外で用を足す。八時半ごろ、下の離れのトイレへ。腹の調子がよくない。九時過ぎに放牧地に行く。女性が大声をあげながら牛を放牧地に連れていくのを見送り、いつもの場所に腰掛ける。

放牧集団の責任者である男性と話をする。

「今日は、ゆっくり話を聞きたいんですが……」

「これから集まりがあるから、あとがいい」

少し戸惑っている様子。なにを聞かれるのか、不安なのかもしれない。

「明日、村を離れるので、最後に牛の放牧のことを伺いたいんです」

「わかった。じゃあ、午後に家に来なさい」

ひとまずアポをとって、家に戻る。外に椅子を出し、日記をつける。放牧されている牛の頭数などをノートにまとめる。ひと段落して、中村元《はじめ》の『ブッダのことば』を読み返していると、ディノから声がかかる。

「そんなところでひとりで本を読むなよ。これから下のチャット畑に行って、柵を補強するから、一緒に来て、そこで読めばいい」

本はひとりで読むものなんだけど、と思いながらも、ディノの後についていく。村では、ひとりでなにかしていると、きまって声がかかる。つねに一緒に時間と場所を共有することが大切にされる。「孤独」は、もっとも避けられるべき状況なのだ。

ディノとアッバ・オリが仕事をしている横で、本を読んでいるわけにもいかない。「おれも手伝うよ」と言うが、なにをしていいかわからない。彼らの仕事ぶりを眺める。柵の破れたところに新しい枝を植え込み、そこにモロコシの茎を両側から挟むように縛りつけていく。見事な手仕事だ。残り少なくなったモノクロ・フィルムで、アッバ・オリを撮る。真剣に額に汗して働く姿が凜々《りり》しい。少し手伝ってみるが、うまくいかない。

日本では身のまわりのことでも、すべて他人の労働を金で買って済ませる。生活の大半は人任せ。個々人が好き勝手に生きる個人主義なのに、高度に他人の労働に依存している。村では、水汲み、薪集め、コーヒー摘み、家の修繕、ほとんどを自分たちでやる。自分の生活は、自分で切り盛りする。生きる基盤が、みずからの手で維持されている。みんなちゃんと「生きて」いる。そんなことを考えながら、彼らの仕事ぶりを眺める。

部屋に戻り、牛の放牧についての質問をおさらいする。二時半ごろ、放牧集団の責任者の家を訪ねる。いつもと違ってかしこまった感じ。緊張感が漂う。三十分ほど話すと笑いがこぼれる。アムハラ語でなんとかインタビューらしきものができる。ほっと一安心してお礼を言う。

家に帰り、聞いたことを思い出しながら、ノートに整理する。四時ごろ、することがなくなる。腹も減って、時間ばかりが気になる。五時前にディノと水汲みにいく。どこで覚えたのか、少年たちが「お金をくれ」と言ってくる。村ではめずらしい。からかって戯《たわむ》れる。そういえば、村で大人が子どもと遊んでいる姿など、見たことがない。

ディノのお祈りが済み、ポリタンクを下げて家に帰る。アッバ・オリも帰ってくる。夫婦ふたりの写真を撮る。ディノが「きれいな服に着替えたら」と言うが、アッバ・オリは「おれは百姓なんだから、これでいいんだ」と胸を張る。

やっと日没の時間がきて、お粥を食べる。断食も三週間近くになり、みんなつらそうだ。蜂蜜ジュースを飲み、私もどっと疲れが出る。横になっていると、腹に違和感を覚える。トイレに立つと、ひどい下痢。これまで最悪に近い。コーヒーを飲むあいだも、横になる。蜂蜜ジュースが発酵して、少しアルコールがあるせいか、ディノが酔ったように絡んでくる。

「ほら、タバコを吸えよ」

「いいよ」

「いいから、吸え！」

彼なりに別れを惜しんでいるのかもしれない。

と、ディノが急に立ち上がる。

「蜂蜜の巣箱を下ろしに行こう！」

慌ててカメラをとって後を追う。ディノはさっさとロープを手に木に登り、巣箱を下ろしはじめた。なかを開くと、大きな巣はあるが、まだ蜜が集まっていない。時期が早すぎたようだ。

「お前に食べさせたかったんだけどな……」。ディノのその言葉がつらい。アッパ・オリも今夜は言葉少な。最後の夜食。「こうやって食べさせるのも最後だ」と、インジェラの塊を私の口に入れようとする。夜が更ける。

一月七日。七時過ぎに起きる。まだ下痢がひどい。離れのバナナの下にしゃがんでいると、落ち着く。誰も来ないし、静かだ。部屋に戻り、寝転がる。ぼんやりいろんなことを考えていた気がする。ディノが起きて、出かけて行く。

起き上がり、外で日記をつける。朝食に呼ばれる。麦のお粥にジャガイモやニンジンが入っている。美味しく腹いっぱい食べる。一息ついて、リュックを持ち出し、荷物をまとめる。と、またお腹が痛む。バナナの下に走る。食べると出る。

お母さんが袋に入れたコーヒー豆をくれる。リュックにしまった厚手のタオルを取り出して渡す。「マスタオシャ（思い出の品）だ」と。お昼を食べていけ、と言われるが、お腹が不安だし、食欲もなく、断ってリュックを背負う。ディノとアッパ・オリが柵作りから戻ってくる。

アッパ・オリと肩を抱き合う。悲しそうな表情に、私もぐっときてしまう。熱いものが目にたまる。目をそらし、こらえる。コーヒー林をみんなで黙ってぞろぞろと歩く。ディノがサトウキビの束をもってきてくれる。ひとかけら齧《かじ》る。歯で皮を剝くのもうまくなった。

二時間ほど待って、ようやく車が来る。リュックを膝の上に載せ、助手席に座る。窓から手を出して振る。車が走り出し、みんなの姿がすぐに見えなくなる。あっけない別れだった。濃密な時間を過ごした村の生活が終わった。ぽっかり心に穴があいたようだ。ぼぉっと車窓の風景を眺める。いろんなことがあった。でも、まだうまく消化できない。

アッバ・オリ夫婦の記念写真。寝泊まりしていた家の前で

終章

公平

すでに手にしているものを道具にして

村を離れたあと、エチオピア南部を旅してから、首都で帰国の準備をした。そのころの日記を読むと、毎晩のように日本の夢を見ていた。どれも奇妙な夢ばかりだ。

日本に戻って一カ月は放心状態が続いた。エチオピアになじんだ身体が日本に順応できなかった。周りの景色も、行き交う街の人の姿も、どこか違って見えた。

あの村で過ごした時間はなんだったのか？　この瞬間もあの村で、アッバ・オリたちが同じように暮らしていることが信じられなかった。

今度は、エチオピアにいたことが夢のように思えた。まるでエチオピアと日本のはざまにあいた大きな「穴」に落ちてしまったかのようだった……。

同じ身体で同じ場所にいても、同じ世界を生きているわけではない。世界の観方が変われば、生きている世界が変わる。いま思えば、あの「放心状態」は、そんな経験だったのかもしれない。

その後、何度もエチオピアと日本を往復した。エチオピアに行っても、日本に帰ってきても、最初のときのようなショックを感じることは、もうない。ふたつの世界が私のなかでうまく折り合いをつけたのだろうか……。

人類学者になる。それは世界のはざまの穴からはいだし、もやもやした違和感をコトバにして自分を納得させていく過程なのかもしれない。でも、たぶんあの「穴」のなかには、まだ考えるべきことが残っている。エチオピアと日本とを行ったり来たりしてこの本を書いてきたのも、最初にエチオピアを訪れたときの日記を読み返して考えてきたのも、そのためだ。人類学という学問に染まる前、あのときエチオピアにいた二十一、二歳の自分。それが対話の相手だった。

どこに向かうのか？

さて、そろそろ考えてきたことをまとめていこう。

よりよい社会／世界があるとしたら、どんな場所なのか。

努力や能力が報われる一方で、努力や能力が足りなくても穏やかな生活が送れる。一部の人だけが特権的な生活を独占することなく、一部の人だけが不当な境遇を強いられることもない。誰もが好きなこと、やりたいことができる。でも、みんなが少しずつ嫌なこと、負担になることも分けあっている。

つまり、ひとことで言えば、「公平＝フェア」な場なのだと思う。

社会へのポジティブな思いが醸成され、その実現が支援される。ネガティブな気持ちにも、声をあげ、耳が傾けられる機会がある。多様な生き方や価値観が許され、それぞれが違った役割を担える。同時に、その差異をつなげ、共感し、調停する仕組みもつくられている。

これは理想でしかない。それが簡単に実現できるなら、苦労しない。でも少なくとも、どこに向かうべきか、その方向性だけは意識しておきたい。

この世界には、生まれも育ちも価値観も、まるで違うようにみえる、いろんな人が同じ場を共有しながら生きている。そこにどう「公平さ」が築かれ、維持できるのか。

本書では、同時代の世界にいながら、異なる状況や制度のもとにあるエチオピアという他者を介して、その可能性について考えてきた。

おそらく公平な世界を実現するのは、革命的な手法ではない。すでにぼくらが手にしているもののなかに、それをつくりだす道具がある。なぜなら、大切なのはバランスを取り戻すことなのだから。秘策も、魔法も、必要ない。

この世界を動かしているようにみえる国家や市場というシステム。ぼくらが日常的に繰り返しているコミュニケーション。どちらも、「わたし」と「あなた」が有形・無形のモノをやりとりしている同じ平面上にある。社会／世界は、人とモノが行き来し、配置される、そのやり方のなかに生じている。それが、この本で描いてきた見取り図だ。

その平面で起きているやりとりを一つひとつ解きほぐしながら、バランスを乱す要因を見つけ、調和を取り戻す可能性を探る。それを丹念に続けるよりほかかない。「公平さ」を希求する志向は、いま、ここにある。それはすでに、ぼくらの心と身体に深く刻まれている。

東日本大震災や熊本地震のあと、多くの人がなにかをしなければ、という思いに駆り立てられたと思う。そこには、過酷な状況を強いられた人びとがいながら、自分たちが平穏な生活を送れていることへの申し訳なさ、「うしろめたさ」のような気持ちがあったはずだ。

義援金を送る。ボランティアをする。自分にできることを考える。あるいは、なかったことにする。忘却する。知らないふりをする……。

そうやって、ぼくらの心と身体は、社会のなかに突如あらわれた絶望的なまでの不均衡を前に、公平さというバランスを取り戻そうとしたはずだ。たぶん公平さへの欲求は、人間という社会的存在の深い部分に根ざしている。

唐突に正義を振りかざすことでも、声高に革命を叫ぶことでもない。すでにいつか・どこかで・誰かが経験してきたはずのなにかに光をあて、その可能性を開く。

いまここにいる「わたし／あなた」の外側の力に頼る必要はない。ぼくらのなかの公平さへの欲求。これが手がかりになる。

バランスを取り戻す

ぼくらの心と身体は公平さというバランスを希求している。他者とのあいだに大きな偏りを察知すると、人はそれを是正しようとする。

では、公平さのバランスを取り戻すには、どんな手段があるのか？　ひとつは、偏りそのものを否定したり、覆い隠したり、見て見ぬふりをすること。もともと偏りがなかったことにしてしまえば、擬似的にバランスを回復できる。これは、ぼくらがもっとも頻繁にやっていることかもしれない。

偏りには、その偏りができる正当な理由がある。収入や境遇の格差は、能力に差があるからだ。努力した結果なのだから、格差が生じても仕方ない。世界には苦しんでいる人もいるが、それはその国の責任だ。日本人は日本の問題だけを考えればよい。こうして偏りの因果関係や対象範囲が限定され、自分とは無関係なものにされる。

バランスを取り戻すもうひとつの方法は、物や財を動かすこと。より多くもつ人からもたない人へモノを譲り渡す。この「移譲」には、おもに市場での交換、社会的な贈与、国家による再分配がある。

市場での交換は、等価物が交換されているようにみえるが、じつはそうではない。モノの価値は、人によって異なる。野菜をたくさんもっている人は、肉や魚により高い価値を見いだす。逆に肉や魚が余っている人にとっては、野菜がより高い価値をもつ。同じ額のお金があっても、人によって本を買うのか、服を買うのか、映画を観に行くのか、違う。違う価値のモノが交換され、双方が満足を得る。市場での交換は、基本的には、こうした個々の必要性をみたす最適値を目指す。

一方、贈与は、この最適値を目指さない。バレンタインデーのチョコレートは、相手がチョコレートに価値を見いだすかどうかわからないまま渡される。お中元やお歳暮なども、相手の必要をまかなうために贈られるわけではない。ふだん自分では買わないような品が贈られることも多い。贈与は、相手の必要性や欲求を満たすためのものではない。感謝や愛情といった感情を表現し、相手との関係を築くためのコミュニケーションだ。

東日本大震災のあと、被災地に向けて大量の支援物資が届けられた。それは、ある種の公平さの回復を目指した行為だったと思う。でも、ぼくらが目にしたのは、被災地の実情に合わず、倉庫に大量に保管されたままの物資であり、刻々と変化する現地のニーズに対応する難しさだった。

避難所の近くに簡易コンビニが開設されると、被災者の方が喜んで買い物をしていた。そばに無料の支援物資がたくさんあるのに、なぜ自分でお金を払う商品が求められるのか。

贈り物を受けとることに選択の余地はない。与えられたモノは、受けとらなければならない。それはモースが言ったように、ある種の「義務」だ。

しかし市場では、誰もが自分の必要に応じて意志決定し、欲求を充足できる。それぞれが限られた資金のなかで必要性の高いものを選択する。お金が有限だからこそ、人は自分の責任で冷静に必要度の優先順位を考えられる。贈与のように人間関係にわずらわされることもない。

市場での交換は、個々の微細なニーズの差異や多様性に対応できる。贈与は、人と人をつなぐ心温まる行為だが、けっして万能ではない。市場での交換も、もとからある資金（交換財）の偏りは解消できない。その「最適値」は、すでにある偏りを度外視することで達成される。

再分配はどうか。再分配は、税などでいったん多くの人から徴収した財を特定の人や事業に振り分けることだ。非市場的な財の移譲という意味では贈与に近いが、おもに国の政策を実施するために利用される。

贈与と違うのは、お金の出所が匿名化され、覆い隠されること。個人からの義援金や支援物資といった「贈り物」は、受けとった人に少なからず贈り手のことを想起させる。だから、たぶんちょっと重い。でも、国が支給した支援金だと、気軽に使えてしまう。最初にお金を出した人の存在がみえないからだ。

公共事業の功績者に政治家の名前はあげられても、納税者の名前が出されることはない。国にとって再分配が重要なのは、それが国民の負担を国家や政治家の功績に変える仕組みだから。その恩恵を受けた人は、国への恩を感じたとしても、税を払った市民に感謝することはない。

同じく納税者の側も、自分が資金の提供者であるという意識を失う。再分配の失敗は、政府の責任であって、自分の責任ではない。交換が人の関係を解消し、贈与が人と人をつなげるとしたら、再分配では本来あるべきつながりが途中で切れている。

公平さを実現するための手段にはさまざまな限界がある。では、どうすべきなのか。

うしろめたさの倫理

公平さというバランスを取り戻すために、ぼくらは現実についての認識をずらしたり、物や財を動かしたりすることで対応している。モノを動かす動かし方には市場での交換、社会のなかでの贈与、そして国家による再分配があった。

それぞれに一長一短があって、万能な方法があるわけではない。それらを組み合わせながら公平さを目指すしかないし、現にそうやっている。

具体的なケースで考えてみよう。電車でお年寄りが立っていて、若者が座っていることがある。はたして電車内での「公平さ」はどう確保できるのか？

国家が政策でやるとしたら、優先パスを発行するかもしれない。高齢者や妊婦、障がい者、長距離を移動する人など、座る必要性が高い人にはパスを発行し、そのパスをもっている人が優先的に座れるようにする。でもこれを実現するには、それぞれの必要性を審査したり、違反者を監視する仕組みをつくったり、膨大な手間やコストがかかる。そもそも妊婦と高齢者のどちらを優先すべきかなんて、一概には決められない。荒唐無稽な例だと思われるかもしれないけど、生活保護や介護保険などの制度は、このような仕組みで成り立っている。

市場なら、どうするか。市場の原則に従えば、席に座りたい人は高い料金設定のチケットを買う仕組みをつくるだろう。これはすでに導入されている。新幹線の指定席のように、必要性の高さを国などの機関が決めるのではなく、どれだけ高い料金を払えるか、個々のニーズに応じた判断にゆだねるやり方だ。どうしても座りたい人は高い料金でも払うだろうし、我慢できる人は安い料金で立つことを選ぶはずだ。このやり方だとあまりコストはかからない。ただ、「公平さ」を確保するのは、やはり困難だ。お金持ちなら、若くて元気でも高いチケットを買うだろうし、身体が不自由でも、お金に困っていれば、安いチケットで我慢するはずだ。それがはたして公平なのか。

結局、国や市場の仕組みには限界がある。相手の様子やその場の状況に応じて、自発的に席を譲り合うという個人のコミュニケーション・レベルでの対処が、どうしても必要になる。目をつぶって気づかないふりをする人もいるし、正直者が損をするかもしれない。でも、若者が優先席に座って目の前にお年寄りが立っていれば、少なくとも周囲の人に「図々しいよな」とか、「恥ずかしいな」といった「共感」のスイッチが入る。電車が揺れるたびにそのお年寄りがふらふらでもしていたら、気づかないふりをしていた人のあいだにも「うしろめたさ」が生じるだろう。

電車のなかはお互いの様子が見えるので、どちらかといえば共感が生じやすい空間だ。病気にしても、貧困にしても、世の中には表に出ない不均衡があふれている。ある程度までは国が制度をつくって対応しないといけない。でも、制度が整えば整うほど、国がやるべきことだとか、うまくいかないのは制度の不備だとか、個人が責任を回避する口実も増える。「制度」に頼りすぎるのもよくない。国や市場のやることには、かならず抜け落ちる部分があるのだから。

では、どうしたらいいのか？

まず、知らないうちに目を背け、いろんな理由をつけて不均衡を正当化していることに自覚的になること。そして、ぼくらのなかの「うしろめたさ」を起動しやすい状態にすること。人との格差に対してわきあがる「うしろめたさ」という自責の感情は、公平さを取り戻す動きを活性化させる。そこに、ある種の倫理性が宿る。

ぼくらは「これが正しいのだ！」とか、「こうしないとだめだ！」なんて真顔で正論を言われても、それを素直に受け入れることができない。でも、目の前で圧倒的な格差や不均衡を見せつけられると、誰もがなにかしなければ、という気持ちになる。バランスを回復したくなる。

震災後、冷たい雨のなか、がれきを拾い集める人たちの姿をテレビで見て、快適な部屋でなにもしていない自分にうしろめたさを感じ、被災地に義援金を送った、という人もいるだろう。国会前でデモが続いているとき、若者が自分の言葉で政治について語る姿を見て、自分はなにをやっているんだ、と反省を迫られた人もいるだろう（私です）。

こうして、倫理性は「うしろめたさ」を介して感染していく。目を背けていた現実への認識を揺さぶられることで、心と身体に刻まれている公平さへの希求が、いろんな場所で次つぎと起動しはじめる。

エチオピアの物乞いの老婆が通行人に「ほれっ」と腕を突き出すように、それまで覆い隠されていた不均衡を目のあたりにすると、ぼくらのなかで、なにかが変わる。その変化が世界を動かしていく。

構築人類学にできること

人類学は、さまざまな差異をもつ社会を並べ、比較してきた。すると、そのどれもが特権的でも、あたりまえでもないことがわかる。そのずれから、別の組み合わせやあらたな線の引き方の可能性が見えてくる。

構築人類学にできることがあるとすれば、商品交換（市場）／贈与（社会）／再分配（国家）の境界を揺るがし、越境を促すこと。市場・社会・国家は、別々の領域のように思われている。しかし、これまで書いてきたように、市場と国家も、市場と社会も、社会と国家も裏で癒着している。

まるでそんなことはないかのように、世の中には強固な境界のイメージがはびこっている。境界を踏み越えてはいけない、という空気が漂っている。それは国の仕事だから、自分とは無関係だ。市場では個人が責任をとるのが原則。こうやって、境界の壁のなかにとどまり、これまでどおりのやり方でやれ、と命じる無言の圧力がかかる。その重苦しい空気は、ぼくらのバランスをとろうとする動きを縛り、偏りを再生産する。「窮屈さ」の理由も、そこにある。

構築人類学は、境界線を引きなおし続ける。モノの動かし方には、いくつものやり方があり、それらを組み合わせて越境することに、世界を変える手がかりがある。その希望を可視化する。

モースも、『贈与論』の最後に、こう書いている。

「わたしたちはここまで論を進めてきた、さらにその先へと議論を進めることができる。わたしたちがこれまで使ってきた主要な諸概念を解体し、混ぜ直し、色づけをし直して、これまでとは違ったふうに定義することができるからである。わたしたちがこれまでに使ってきたさまざまな語彙は、プレゼントにしろ贈り物にしろ贈与にしろ、それ自体としてはさほど正確なものではない。ほかに語彙がみつからない、それだけのことだ。自由に対する義務とか、寛大さ、気前の良さ、奢侈《しゃし》に対する倹約、利得、有用性とか、わたしたちはこうした諸概念をとかく対立し合うものとして捉えがちであるけれども、法と経済に関わるこれらの概念をこのあたりで見直すのがよいのではないだろうか」(四一八頁)

自分が依拠してきた概念すらも、さらりと乗り越える。理解したと思った地点にとどまらず、さらにあらたな「ずれ」を見いだしていく。この姿勢こそが知性だ。

市場と国家のただなかに、自分たちの手で社会をつくるスキマを見つける。関係を解消させる市場での商品交換に関係をつくりだす贈与を割り込ませることで、感情あふれる人のつながりを生み出す。その人間関係が過剰になれば、国や市場のサービスを介して関係をリセットする。自分たちのあたりまえを支えてきた枠組みを、自分たちの手で揺さぶる。それがぼくらにはできる。

もう少し具体的に言おう。社会の格差を是正したり、公平さを回復したりすることは国の仕事だとされる。個人や企業は市場で稼ぎ、国はそこから税金を集めて再分配を行う。世の中はこうしてできあがっている。だから自分には直接関係ない、と。この「あたりまえ」の市場と国家の境界の引き方が、公平さをつくりだす「わたし」の役割をみえなくしている。

税金を払っているのだから、あとは国がなんとかすべきだ、となる。政治に口を出したければ政治家になれ、と言われる。その閉塞した論理が、ぼくら一人ひとりに公平さを取り戻す責任や能力があることを覆い隠す。「自分には関係ない」。そんな無関心が、ぼくらのバランス感覚を麻痺させる。

市場経済とはこういうものだ、と言われる。自分のためにお金を稼いでなにが悪い。自己責任が原則だ、と。でも市場だって、つねに国家や社会に依存することで成り立ってきた。そこだけ独自のルールが適用される聖域ではない。

「働く」ことは、市場での労働力の交換だと説明される。この「あたりまえ」の理解が、労働が社会への贈与（会社への贈与ではない）にもなりうることを見えなくする。

市場のなかにも、どこかで「わたし」の働きの成果を受けとめ、生きる糧としている人がいる。市場交換によって途絶され、隠蔽《いんぺい》された労働の贈り手と受け手とのあいだをつなぎなおすことで、倫理性を帯びた共感を呼び覚ます回路が生まれる。

誰になにを贈るために働いているのか。まずはそれを意識することから始める。「贈り先」が意識できない仕事であれば、たぶん立ち止まったほうがいい。

「わたし」の日々の営みが、市場や国家と結びつき、世界の格差や不均衡を生み出している。市場や国家というシステムを「わたし」の行為が内側から支えている。それがわかれば、国の政治が政治家だけの仕事ではないことに気づくことができる。市場に、いまとは違うやり方をもち込む余地があることも見えてくる。

「わたし」の越境的な行為が、市場や国家を揺さぶり、スキマをつくりだす。

市場、社会、国家、いずれも表向きは別の領域にあると公言されている。でも、その分断された領域はちゃんと裏でつながっている。そのつながりを表面にあぶり出し、領域を超えることがけっして不当ではないこと、そしてつなげ方によっては、公平さのバランスを取り戻す契機になることを示す。それが構築人類学にできることだ。

「わたし」にできること

たぶん「できること」は、みんな同じではない。それぞれの持ち場で、いろんな境界のずらし方、スキマのつくり方があるはずだ。

エチオピアと出会った「私」は、なにをどうずらそうとしているのか。最初にエチオピアに行ったときは大学生だった私も、教壇に立つ身になった。いま私は、この大学で「教える」という仕事を、なるべく対価を得るための「労働」とは考えないようにしている。

学生は、大学の授業の内容なんて、やがて忘れる。自分も大学で受けた講義の中身は、ほとんど覚えていない。それがどんな役に立つのか、目に見える成果がいつあらわれるのか、教員にも、学生にも、前もってわかるものばかりではない。

おそらく学生に残るのは、教壇の前で誰かがなにかを伝えようとしていた、その「熱」だけだ。学生のなかで、その「熱」が次のどんなエネルギーに変わるのか、教員の側であらかじめ決めることはできない。そもそも学生たちは、何者にでもなりうる可能性を秘めている。授業で語られる言葉、そこで喚起される「学び」は、相手の必要を満足させる「商品」ではない。どう受けとってもらえるかわからないまま、なににつながるかが未定のまま手渡される「贈り物」なのだ。

贈り物に込められた思いが、モノを介して間接的に受けとった人になんらかの感情を引き起こすように、授業で話されている中身は、予測できない別のことが聞き手のなかに生じるための媒介にすぎない。

教室にいる学生たちの感性や経験はとても多様だ。みんなに同じものを一様に届けることは、ほとんど不可能に近い。それでも、目に見えないなにかを伝えようとすること。たぶん、それしかできることはない。

贈与だからこそ、そのための「労力」は、時間やお金に換算できないし、損得計算すべき対象でもない。もし教育を市場交換される「労働」とみなせば、その「成果」

がきちんと計量できない以上、最低限の労力しかかけない、というのがつねに「正解」になってしまう。それだと「教育」は、とたんにむなしい作業になる。

実際はほとんど届いていないかもしれないし、贈ったつもりのないものが届いているかもしれない。教員の側には、つねに「届きがたさ」だけが残る。教育とは、この届きがたさに向かって、なお贈り物を贈り続ける行為なのだと思う。大学という学びの場を市場の論理からずらす。それがスキマづくりのためのささやかな抵抗だ。

たぶん、世界を根底から変えることはできない。まったくあたらしい手段をみつけて、すべてをつくりかえることはできない。おそらくそれはよりよい方向に近づく道でもない。

ぼくらにできるのは「あたりまえ」の世界を成り立たせている境界線をずらし、いまある手段のあらたな組み合わせを試し、隠れたつながりに光をあてること。

それで、少なくとも世界の観方を変えることはできる。「わたし」が生きる現実を変える一歩になる。その一歩が、また他の誰かが一歩を踏み出す「うしろめたさ」を呼び寄せるかもしれない。その可能性に賭けて、そろりと境界の外に足を出す。それが「わたし」にできることだ。

おわりに　「はみだし」の力

今年もエチオピアに来ている。ここにいると、いろんな感情がわきおこる。

宿の目の前で朝から晩まで大音量で音楽を流し続けるテープ屋。毎年、私を見つけると、詰めよってきて叱責するような言葉を投げかける青年（援助してくれていた外国人と連絡が途絶えたあと、精神的におかしくなったそうだ）。ひび割れた足の裏を見せながら、「靴を買うお金をくれないか」と言う農民の男性。外国人をみると、意味もわからず「マニー、マニー」と連呼する幼児。

昨日も、農村部を一緒に歩き回った少年と町で出会った。田舎には仕事がないから町に出てきたという。トラックの荷物を運ぶ手伝いなどをして日銭を稼いでいた。

彼に「昨日はシャイとパンの食事が一回だけだった」と言われ、今日は、思わずリュックに村でもらった蜂蜜とか、たいして着ていない服を詰め込んでいった。

ここでは日本にいると覆い隠されてみえない「格差」を突きつけられる。自分が健康であること、ホテルの宿代が、少年が一年かけても絶対に稼げない額であること、いつでも簡単に空腹を満たせること、すべてが「うしろめたさ」を喚起する。

うしろめたさをずっと感じていると、とても正気ではいられない。なんとか正当化して、格差なんてなかったことにしようとする。映画でも観て、逃避したくなる。なにもできることなんてない、と自分に言い聞かせる。

それでも繰り返し、突きつけられてしまう。エチオピアでは、いろんなものが境界線から「はみだしている」からだ。でもだからこそ、少年はなんとか生きていける。私のように通りすがりの外国人だけでなく、「はみだし」に反応する人たちがつねに周りにいて手を差しのべるからだ。

日本ではこうはいかない。生活に苦しむホームレスや独居老人は、できるだけ人目につかない場所へと追いやられる。街はきれいに美化され、「貧しさ」の影が拭い去られる。いまも格差は拡大しているというのに、街は、表面的にますます「きれい」になっていく。「はみだし」は、すぐに覆い隠され、片付けられる。

ホームレスも、障がい者も、精神を病む人も姿を消した街は、どんなにきれいに開発されても、ずっと生きづらい、バランスの崩れた場所になっているはずだ。格差を突きつけられる機会が失われているのだから。表向きの「美しさ」は、その裏で不均衡を歯止めなく増殖させてしまう。

格差を目のあたりにすると、なにかしなければ気持ちがおさまらなくなる。こうして引き出された行為は、自分の「うしろめたさ」を埋めるものでしかない。結果的に公平さにつながるかわからないまま、行為せずにはいられない。

贈与は「結果」や「効果」のためになされるわけではない。そうするしかない状況で、自分がそうしたくて、他者に投げかけられる。少年が蜂蜜や私の古着をほんとうに喜んでくれるかはわからない。「効果」があるとしたら、モースが言ったように、そこに「つながり」が生まれるだけだ。

私が少年によって喚起された共感、そして、おそらく私の行為によって彼に生じた共感は、私と少年とをつなぎとめる。それが公平さへの第一歩となる。なぜなら、不均衡を覆い隠しているのが、「つながり」の欠如だからだ。「つながり」は次の行為を誘発し、「わたし」とは切り離されたようにみえる世界のなかに、小さな共感の輪をつくる。その輪が、ぼくらがこの世界につくりだせるスキマとしての「社会」だ。

市場や国家という制度によって分断され、覆い隠されているつながりを、その線の引き方をずらすことで、再発見すること。そしてそこに自律的な社会をつくりだすこと。それが、この本でたどりついたひとつの結論かもしれない。

既存の境界線をずらして越境行為をする。それは、もうすでにいろんな場所で、たくさんの人によってなされている。

個人が自分のできる範囲で、国家の責任とされる再分配を引き受ける。利潤や対価といった市場の論理ではなく、他者への贈与として「仕事」をとらえなおす。「家族」の役割や範囲を広げてみる。「消費」という行為を拡張し、市場の壁を越えて生産者と消費者とのつながりをつくりだす。モノの売買の場に、人が交流する機会をつくる。

どんな場でどう線をずらすかは、人それぞれだろう。自分にできるのは、「ことば」を紡ぎ出すことくらいだ。教壇に立ってマイクを握るとき、パソコンに向かって文字を綴るとき、どれだけ越境的なことばを手にできるのか。学問とか、大学とか、既存の枠組みからいかにはみだせるか。それが私自身、日々、問われている。

何度も言うように、贈与の世界はユートピアではない。

贈与がどんな結果をもたらすのか。公平さを生むのか、役に立たないのか、むしろ害を及ぼすのか（これもよくあること）、ぼくらは事前に知ることはできない。被災地への支援物資のように、それだけでは最適な分配は達成できない。贈与はつねに過剰になる。支配と従属の関係も生む。だから市場も国家も必要になる。でも、市場や国家だけに頼ると、人と人とが分断され、不均衡が覆い隠されていく。

贈与の起点となる「うしろめたさ」にも、落とし穴がある。ニーチェは、『道徳の系譜学』のなかで、「負い目」や「やましい良心」という「負債の道徳」が国家という征服者の暴力によって発明され、恐怖による支配と服従を内側から支えていると指摘した。「うしろめたさ」が自分自身に対する「自責」としてではなく、特定の誰かに「負い目」として向けられると、それがぼくらの自由を束縛し、不均衡を固定させる。

人類学者が研究してきた狩猟採集民たちは、猟で獲った肉をみんなに分け与える。そのとき、獲物を手にした狩人は謙虚な態度をとる。けっして手柄を自慢したりしない。肉をもらう側は礼も述べず、あたりまえのように受けとる。大きな動物を獲った狩人は、しばらく猟を休んで次はもらう側にまわる。わざわざ他人の道具で猟をして道具の所有者にも肉を渡す。誰かが一方的に与え手や受け手にならないよう、慎重に配慮している。「負い目」の蓄積が格差をもたらすことを、ちゃんとわかっているのだ。

エチオピアの物乞いも、ときどき、もたない者がもらうのは当然のこと、神があなたに報いて祝福してくれるわよ、といった態度をとる。それは、バランスをとるためのコミュニケーションの技法だ。もつ者、恵まれている者が感じる「うしろめたさ」を、もらう側の「負い目」に転換しない工夫がいる。

贈与がもたらす「つながり」は、面倒くさい。近代社会は、それを避けるように、個人の行為を「市場」や「国家」の線引きに沿って割り振り、社会のなかに垣根をつくりだしてきた。これは市場の話、これは国の仕事（あるいは他国の話）、あなたの私的な領域はここまで、といった具合に。人と「つながる」ことは、その人の生の一部を引き受けることを意味する。ときには市場／交換の力をつかって、関係を断ち切ることも必要になる。そのバランスをとるためにも、共感の回路をうまく開閉できたほうがいい。

いまは、これまで築かれてきた境界線を試行錯誤しながら引きなおしていく時代なのだと思う。市場や国家を否定する必要はない。過度な批判は、むしろ市場や国家を、自分たちの手の届かない「怪物」に仕立て上げてしまう。自分たちがその手綱を握っていることを意識しながら、一人ひとりの越境行為によって、そこにあらたな意味を付与し、別の可能性を開いていく。それが重要だと思う。

本書は、ミシマ社のウェブ雑誌「みんなのミシマガジン（旧「平日開店ミシマガジン」）」で二〇〇九年七月から二〇一三年三月にかけて連載した「〈構築〉人類学入門」をもとに、大幅に加筆修正している。ミシマ社の三島邦弘さんからは、たびたび難しい「宿題」をいただいた。それにこたえようともがくなかで視界が開けていく感覚があった。尊敬する人類学者の松嶋健さん（広島大学）には、草稿に目を通していただいた。最後に松嶋さんと議論を交わせたことで、次に考えるべき問いを明確にできた。ありがとうございました。

できれば人類学とは無縁の人に自分の言葉で届けたいという思いでここまで書いてきた。願わくは、紡いできた言葉が学問の垣根を超えた越境的な贈り物となることを祈りつつ。三島さんをずいぶんお待たせし、家族にもたびたび負担をかけながら、たくさんの課題を残したまま終えるうしろめたさも感じつつ。

松村圭一郎

二〇一七年七月

《参考文献》

『行為と演技――日常生活における自己呈示』アーヴィング・ゴッフマン、石黒毅訳／誠信書房／一九七四
『何が社会的に構成されるのか』イアン・ハッキング、出口康夫・久米暁訳／岩波書店／二〇〇六
『マルクス　資本論（一）』エンゲルス編、向坂逸郎訳／岩波文庫／一九六九
『経済成長がなければ私たちは豊かになれないのだろうか』ダグラス・ラミス／平凡社ライブラリー／二〇〇四
『道徳の系譜学』フリードリヒ・ニーチェ、中山元訳／光文社文庫／二〇〇九
『国家に抗する社会――政治人類学研究』ピエール・クラストル、渡辺公三訳／水声社／一九八七
『実践感覚1』ピエール・ブルデュ、今村仁司・港道隆訳／みすず書房／一九八八
『交換のはたらき2――物質文明・経済・資本主義　15－18世紀　Ⅱ－2』フェルナン・ブローデル、山本淳一訳／みすず書房／一九八八
『贈与論　他二篇』マルセル・モース、森山工訳／岩波文庫／二〇一四
『知覚の現象学』モーリス・メルロ＝ポンティ、中島盛夫訳／法政大学出版局／一九八二
I. Kopytoff, 1986. The cultural biography of things: commodization as process. In A. Appadurai (eds.), *The Social Life of Things: Commodities in Cultural Perspective*. Cambridge University Press, pp.64-90.

松村圭一郎（まつむら・けいいちろう）

1975年熊本生まれ。京都大学総合人間学部卒。京都大学大学院人間・環境学研究科博士課程修了。岡山大学大学院社会文化科学研究科／文学部准教授。専門は文化人類学。エチオピアの農村や中東の都市でフィールドワークを続け、富の所有や分配、貧困と開発援助、海外出稼ぎなどについて研究。著書に『所有と分配の人類学』（世界思想社）、『文化人類学　ブックガイドシリーズ基本の30冊』（人文書院）、『これからの大学』（春秋社）、『くらしのアナキズム』『小さき者たちの』（以上、ミシマ社）、編著に『文化人類学の思考法』（世界思想社）がある。本書で、第72回毎日出版文化賞特別賞受賞。

うしろめたさの人類学

二〇一七年十月五日　初版第一刷発行
二〇二三年四月十二日　初版第十四刷発行

著者　松村圭一郎
発行者　三島邦弘
発行所　（株）ミシマ社
郵便番号　一五二-〇〇三五
東京都目黒区自由が丘二-六-一三
電話　〇三（三七二四）五六一六
FAX　〇三（三七二四）五六一八
e-mail　hatena@mishimasha.com
URL　http://www.mishimasha.com
振替　〇〇一六〇-一-三七二九七六

ブックデザイン　尾原史和（BOOTLEG）

印刷・製本　（株）シナノ
組版　（有）エヴリ・シンク

ISBN 978-4-903908-98-4

好評既刊

何度でもオールライトと歌え

後藤正文

俺たちの時代で、断絶を起こしたくない。

爆笑・絶妙の名エッセイと、これからの10年を牽引するオピニオンが響き合う。書かずにはいられなかった魂の言葉たち。

ISBN978-4-903908-75-5　1500円

となりのイスラム
世界の３人に１人がイスラム教徒になる時代

内藤正典

イスラム教徒と共存するための必読書。

中東地域を30年以上見つめつづけてきた研究者である著者が抜群のわかりやすさで綴る、イスラム入門の決定版。

ISBN978-4-903908-78-6　1600円

街場の戦争論

内田 樹

日本はなぜ、「戦争のできる国」になろうとしているのか？

「みんながいつも同じ枠組みで賛否を論じていること」を、別の視座から見ると、まったく別の景色が!　現代の窒息感を解放する快著。

ISBN978-4-903908-57-1　1600円

現代の超克　本当の「読む」を取り戻す

中島岳志、若松英輔

今こそ、名著の声を聴け！

現代日本の混迷を救うため、気鋭の政治哲学者、批評家の二人が挑んだ、全身全霊の対話。

ISBN978-4-903908-54-0　1800円

（価格税別）